KB216645

한국복음주의 사회선교운동 30년사

하나님나라를 응시하다

지은이   구교형
초판발행   2019년 11월 20일

펴낸이   배용하
책임편집   이승호

등록   제364-2008-000013호
펴낸 곳   도서출판 대장간
                www.daejanggan.org
등록한 곳   충청남도 논산시 가야곡면 매죽헌로1176번길 8-54

분류   교회사 | 복음주의운동 | 하나님나라
편집부   전화 (041) 742-1424
영업부   전화 (041) 742-1424 · 전송 0303-0959-1424
ISBN   978-89-7071-500-1 03230
CIP제어번호   CIP2019045543

 값 13,000원

한국복음주의 사회선교운동 30년사

하나님나라를 응시하다

구교형

목차

87년 이후 복음주의 운동의 역사는 누군가 기록해야 할 역사였다. 탁월한 학자는 분석할 수 있고 명민한 비평가는 평가할 수 있다. 그러나 '운동'의 역사는 그 바닥 현장에서 몸 부딪히며 살아낸 운동가가 기록해야 생명력이 있다. 그런 면에서 구교형 목사가 이 책을 썼다는 것에 나는 깊이 감사한다. 복음주의 운동 역사 중 그가 관여되지 않은 곳은 없으며, 이 현장을 지나온 사람 중에 그에게 빚지지 않은 자는 없다. 이 책은 지식만이 아니라 그 삶으로 쓴 책이다.

건강한작은교회동역센터 공동대표 **이진오 목사**

구교형 목사의 한국복음주의운동에 대한 정리는 누군가 해야 하는 꼭 필요한 작업이었다고 생각한다. 이 책을 통해 한국보수교회가 사회참여를 어떻게 하려고 했는지 후세에 남김으로 보수교회의 가능성을 보여 줄 수 있기를 희망한다.

SFC농촌영역 간사 **최갑주**

'**한국**복음주의', 이 불확실한 개념을 어떻게 할 것인가? 거기에다가 '사회선교운동사'라니 … '사회'라는 문자만 들어가도 빨갱이로 의심받는 한국교회의 척박한 풍토에서, '복음주의 사회선교운동사'를 정리해 보겠다는 이야기를 들었을 때, 나는 말리고 싶었다. 그러나 막상 초고를 대하고 보니, 말리지 않길 잘했다는 생각이 든다. 이제 시작이다. 복음주의 사회선교운동사를 우리의 삶과 역사의 현장에서 찾고 발견하는 작업은 반드시 필요하다. 특히나 '총체적인 복음'이 '좌'와 '우'의 이념에 짓눌리는 '한국복음주의 교회'에서 ….

변호사, 성서한국 이사장 **박종운**

나의오랜 친구 구교형 목사가 30년간의 복음주의 사회선교운동을 정리하는 책을 내게 되어 매우 반갑고 기쁘게 생각한다. 청년 때부터 열정을 다해 하나님 나라 운동을 하고 이제 그 운동을 책으로 남겨 후배들에게 좋은 길잡이가 되고 반면교사가 되려고 하니, 모쪼록 이 책이 저자의 원대로 새 시대를 여는 후배들에게 선한 영향력을 끼쳤으면 한다.

안양대 구약학 겸임교수 **박유미**

지역에서 나름 복음주의 사회선교 운동가로 고군분투하며 절실했던 것은 정리된 지난 한국복음주의 사회선교운동의 역사와 함께 운동현장에서 참고할 수 있는 구체적 자료였다. 이제 현장에서 잔뼈가 굵은 구교형 목사가 한국복음주의 사회선교운동 30년사를 정리한 『하나님 나라를 응시하다』가 출판되었으니 더없이 기쁘고 감사하다. 아직도 서울 중심을 벗어나지 못해 복음주의 사회선교운동의 지역적혹은 전국적 확산이라는 과제를 안고 있는 현실에서 아무쪼록 이 책이 현장에서 값지고 귀한 자료로 널리 읽혀 하나님 나라 운동이 대한민국 곳곳에서 들불처럼 일어나기를 기대한다.

성서대전 실행위원장 **김신일**

과거에 대한 깊은 성찰은 오늘 우리 자신을 예리하게 평가해보고, 보다 나은 내일을 열어갈 수 있게 해 준다. 그 점에서 본서는 하나님나라 복음의 총체성을 깨닫고 사회선교의 길을 걸어가고자 하는 모든 이들에게 너무나 소중한 기록이요 증언이다. 그동안 다양한 사회선교현장에서 헌신적으로 사역했을 뿐 아니라, 정성껏 역사책을 저술해 준 귀한 동지에게 뜨거운 감사와 응원의 박수를 보낸다.

성서한국 사회선교사 **박득훈**

기독교

진보진영에 비해 복음주의 사회선교운동의 역사는 길지 않습니다. 하지만 비록 그 역사는 짧지만, 그 시기 한국 사회와 교회 위에 남긴 족적은 결코 작지 않았습니다. 그럼에도 불구하고 우리 역사가 제대로 정리되어 있지 못하다보니 복음주의 사회선교운동은 늘 기독교 진보사회운동의 역사에 곁가지로 붙어 언급되었을 뿐입니다. 그런 의미에서 구교형 목사님의 이 책은 복음주의 사회선교운동이 또하나의 분명한 주체적 운동의 역사를 가지고 있음을 보여주는 의미있는 책이 될 것이라 믿습니다.

성서한국 사회선교국장 임왕성 목사

현대사

를 기술한다는 것은 누구에게나 부담되는 작업이지만, 그것이 역사의 현장을 몸으로 살아낸 사람이 스스로 써 내려간 것이라면 그 가치는 오히려 배가될 것이다. 이런 측면에서 지난 30년 동안 누구보다 치열하게 사회선교 현장을 지켜왔던 구교형 목사는 그 역사를 기록할 최적임자임에 분명하다. 척박한 광야 같은 현장을 지켜온 저자가 이런 번거로운 작업까지 감당해준 것에 또 하나의 빚진 마음이 더해지게 된다. 분명 이 책은 과거의 기록물이지만 이 시대가 요청하는 또 다른 하나님나라 운동에 새로운 고민과 도전을 던져주기에 충분할 것이다.

기독연구원 느헤미야 원장 김형원

정말 중요한 책이 나왔다. 사회선교에서 일하고 있는 사람, 사회선교에 관심을 가진 사람에게는 정말 중요한 책이다. 우리가 어느 분야를 막론하고 역사의 관심을 갖는 것은 매우 중요하다. 교회가 이 땅에 들어온 지 120년이 지났지만 사회선교가 시작된 것은 30년 밖에 되지 않는다.

지금까지 대부분의 한국교회가 죄인의 영혼구원에만 관심을 가졌고 사회선교에 대해서는 무엇인지도 잘 모르고 있는 현실이다. 훌륭한 기독교인이 되는 것은 매우 좋은 일이다. 그리고 모든 기독교인이라면 전도에 참여해야 한다. 그러나 그것을 넘어 사회와 역사의 물줄기를 바꿀 수 있는 교회가 되어야 한다.

우리는 지금 저속한 기독교가 되어 황교안과 전광훈에 의해 종교제국주의를 꿈꾸는 현실이며, 한국교회는 위기에 처해 있다. 우리나라는 기독교라는 유령이 떠돌고 있다. 이러한 때에 사회선교는 이에 대한 대안이 될 수 있다. 먼저 사회선교는 문화형성에 관심을 갖는다. 문화는 삶의 양식, 모습을 말하는데 기독교가 들어온 지 100년이 넘었는데도 과연 한국기독교에 문화는 있는가? 기껏 기독교인의 모습은 술 안 먹고 담배 안 피우고 교회에 몇 십년동안 열심히 다니면 세상들은 좋은 기독교인들이라고 생각할 뿐이다.

사회선교는 이 땅의 기독교인들이 정치, 경제, 사회, 교육, 예술 등 각 분야에서 기독교적 세계관을 가르치고 형성하는 것이다. 우리가 믿는 하나님은 개인의 영혼에만 관심을 갖는 분이 아니다. 그런 하나님은 성경에는 없다. 하나님은 모든 세계, 모든 피조물에까지 물샐틈없이 다스리시는 분이다.

사회선교란 무엇인가? 사회구조의 변화에 관심을 갖는 것이다. 정치, 경제, 교육 등 여러 분야에 대한 본질적인 관심, 구조적 관심을 갖는 것을 말한다. 무엇보다 정치의 패션, 경제의 패션, 교육의 패션 등 모든 분야의 패션이 바뀌어 지고 형성하는 것을 말한다. 18세기 영국의 정치가인 에드먼드 버크가 말한 대로 '악이 횡행하는데 선이 가만히 있다'면 어찌될 것인가? 프리드리히 니이체로 시작된 이성의 시대가 2차 대전으로 막을 내리고 이 엄청난 전쟁의 참화를 보면서 많은 신학자들은 생각했다. 그때 여러 신학자들은 정사와 권세의 문제엡 6:12를 매우 중요하게 생각하기 시작했다.

사회선교란 무엇인가? 영국의 윌리암 윌버포스와 같이 한 사람이 46년 동안 목숨을 걸고 노예무역을 없애는데 앞장섰고 결국 노예무역을 없애는데 성공했다. 당시 영국무역의 1/3을 차지했기 때문에 매우 어려웠던 것이다. 이와 같은 역사적 선례가 있기는 하지만 사회선교는 공공신학, 하나님나라 신학을 가지고 공적사명을 가진 개인이나 교회가 연대하여 함께 일하는 것이다. 정치, 경제, 교육, 예술뿐만 아니라 통일운동, 노동운동, 불평등개선운동, 남녀차별철폐운동 또는 인권을 유린하면서 무소불위를 휘두르는 검찰청에 대해서도 관심을 갖는 것이다.

우리가 믿는 복음은 총체적 복음Total Gospel이다. 이 시대의 예언자라할 쟈크 엘룰Jacques Ellul은 '뒤틀려진 기독교'에서 계시인 성경은 이론이 아니며, 실천 없는 기독교는 기독교가 아니라고 했다. 로핑크G. Lohfink는 '예수님은 어떤 공동체를 원했나'에서 교회는 이 시대의 대안공동체요, 대조공동체요, 나아가 대항공동체라 말했다. 이제 개인구원에만 치우쳐 있던 한국교회가 자생적인 사회선교가 시작되었다는 것은 한국기독교 사적인 의미에서 매우 획기적인 사건이다.

일찍이 사회선교의 독보적인 존재로서 활동해 온 구교형 목사가 사회 선교 역사의 거의 모든 자료를 모아 누구보다 꼼꼼히 살펴 이 책을 낸 것이다. 구교형 목사는 이 책에 대해 "보잘 것 없는 것"이라고 겸손하게 말하지만, 이 책은 매우 중요한 책이다. 목회를 통해 영혼사랑이 무엇인지 알고 사회선교에 투신한 이 시대의 예언자이기도 하다. 구교형 목사는 나의 제자로서 이런 책을 쓴 것에 대해 정말 기쁘고, 자랑스럽고, 박수치며 축하한다.

분당두레교회 원로목사 **박철수**

한국 복음주의 사회선교운동의 30년 역사를 정리한 책이 나왔다. 반가운 마음에 추천사를 쓰는 것은 역사는 기억하고 전하는 사람들을 통해 이어지기 때문이다. 기억되는 역사에 감사와 교훈, 미래를 향한 바른 방향도 갖게 될 것이다.

지난 130년의 한국교회는 복음전도와 사회복지 차원의 역할을 통해 부흥성장을 경험했다. 보수적 토양의 한국교회는 사회구조에 관심을 갖는 하나님나라 운동은 미약했다. 그렇지만 1980년대의 군사독재투쟁과 민주화운동시대를 맞아 한국교회 복음주의 권에서도 총체적 복음의 새로운 인식이 사회선교운동으로 결합되었고, 지금까지 30년 운동의 역사를 정리한 것이다.

생생한 기독교 신앙의 변천과정은 한국교회의 선교 변화와 뗄 수 없다. 특히 저자의 회심 후의 다양한 사회선교사역경실련, 남북나눔운동, 평화누리, 교회개혁 실천연대, 하나누리, 성서한국 등을 통해 현장을 전해주려는 열정이 녹아져있다.

무엇보다 다음 세대의 '하나님을 시대와 역사의 주님으로 고백한다던 한국교회는 그 중요한 시기에 무엇을 했느냐?'라는 질문에 대한 증언이라는 점에서 이 책은 귀한 자료가 될 것이다.

2017년 촛불혁명이후 새로운 평화 한반도 시대를 맞이하고 있다. 한국교회도 새로운 선교정책이 절실히 요구된다. 사회의 신뢰와 존경을 받던 초기 한국교회는 '개인전도선교'를 통해 교회는 성장 했으나 근본주의 신앙의 틀에 갇히고 말았다. 한계를 극복하기 위해 한국교회는 '해외선교'로 방향을 잡았으나 이 또한 교회 성장의 도구로 변질되어 이마져도 침체되었다. 지금의 한국교회는 '한반도평화선교'의 명령을 받고 있다고 본다. 총체적복음의 능력을 회복하고 변질된 한국교회가 참회를 통해 선교사명을 감당해야 할 때이다. 이 중요한 시기에 한국복음주의 사회선교 역사정리는 매우 중요한 의미가 있다. 이 책을 통해 그동안 작지만 사회선교에 헌신했던 복음주의권의 사역을 더 성숙, 확산 시켜 나아가야겠다. 복음주의권의 순교신앙의 하나님나라운동의 장점은 살리고, 사회구조변혁의 소극적인 단점은 극복해야겠다.

저자의 눈물겨운 삶이 담겨져 있고, 새로운 시대에 한국교회가 다시 일어서기를 열망하는 이 책을 통해 사회선교의 부흥이 일어나기를 간절히 바라면서 추천사를 갈음한다.

하나누리 대표 | 함께여는교회 담임목사 **방인성**

한국복음주의 사회선교운동의 역사

십년 전쯤부터 한국복음주의 사회선교운동의 역사를 정리해야 한다는 부담을 갖고, 스스로 숙제처럼 여겨왔다. 한국복음주의 사회선교운동은 1987년 민주화운동 시기를 시작으로 해도 어림잡아 30년 넘는 짧지 않은 세월과 여정을 지나왔다. 당시 20대 초반 멋모르고 뛰어든 나도, 어느덧 나이 50세를 넘었고, 변함없이 곁을 지켜주었던 선배들은 60세를 넘어 70세가 가까워 하나, 둘 현역에서 은퇴를 하고 있다. 그런데도 변변한 우리의 초기 기록조차 없다는 게 늘 아쉬웠다. 더구나 청년시절부터 소중히 간직해 오고 있지만, 이사할 때마다 갈수록 부담스러워지는 많은 자료들도 이렇게 사장시킬 수는 없었다.

물론 앞서 몇몇 학자 및 연구자들에 의해 복음주의 사회운동을 정리한 책과 논문들이 전혀 없지는 않았다. 한국교회를 깨운 복음주의 운동박용규, 1998, 한국기독청년학생운동 100년사 산책조병호, 2005, 한국개신교 복음주의운동 연구이강일, 2015, 한국복음주의 사회운동의 분화와 개신교 뉴라이트의 등장김민아, 2018 등이 그렇다. 그러나 그러한 연구들은 세계복음주의운동의 맥락에서 한국복음주의운동의 한 부분을 소개한 것이거나, 한국복음주의운동의 다양한 영역에서 사회선교운동의 일부를 소개한 것이기에 아쉬움을 느꼈다.

그러다보니 복음주의 사회선교운동 내용이 절대적으로 부족할 뿐 아니라, 30년 동안의 전체적인 진행상황과 연계과정이 생략되어 있었고, 당시 사회상황과 우리 운동 사이의 내적 연관관계에도 아쉬움을 느꼈다. 또한 김민아 등의 글은 2000년대 중반 갑자기 등장한 뉴라이트 운동과의 상관관계를 살피려는 목적으로 쓰다 보니, 실제 이 운동의 자발적이고, 자생적인 발전과정이 거의 다뤄지지 않아 아쉬움이 많다. 성과의 크고 작음을 떠나 그 과정에 함께 있었던 사람으로서 비어있는 행간들이 너무 크게 느껴졌다.

예외가 있다면 월간 복음과 상황 초창기인 1992-1993년 이종철 기자현 빛과생명교회 담임목사가 '80년대 기독학생운동사'라는 연재기사에서 이의 태동과정을 소개한 것과 이진오 목사전 기윤실 사무처장, 인천 세나무교회 담임가 쓴 '87년 이후 기독교시민운동의 흐름과 제안'이라는 발제문도 있다. 이러한 글들은 실제 사회선교운동에 참여했던 현장운동가의 기록이라는 면에서 매우 가치 있다. 그러나 이종철의 글은 복음주의 사회선교운동이 시작되던 시기, 운동의 발생과정을 설명하는 맥락이라 그 후 30년 가까운 역사가 다 빠져 있다. 또한 이진오의 글도 2008년에 작성된 것이라 그 이후 10년의 기록이 빠져 있으며, 20여 쪽의 발제문이기에 분량도 아쉬움이 많다. 그러나 이 모든 것들은 이 책을 집필하면서 매우 유용한 참고자료가 되었음을 밝힌다.

그러므로 이제는 현장에서 보고, 듣고, 겪었던 사람의 보다 직접적이고 세부적인 증언이 필요할 때라고 느꼈다. 잘했든 못했든, 30년이 지났다면 마땅히 역사다. 그리고 역사는 기록되어야 한다. 이것이 책을 쓰게 된 첫 번째 동기, 곧 기록 자체가 기록의 목적이다. 보잘 것 없지만, 이 책으로 환갑, 칠순 잔치도 못 치러드린 선배들에게 조금이나마 감사가 되고, 여전히 현장을 지키고 있는 동료, 후배 활동가들에게는 작은 격려와 보람이 되면 좋겠다.

둘째는 다음 세대를 위한 증언이다.

2017년 구시대의 적폐청산으로 민주화시대의 정신을 잇는 새 정부가 탄생하자, 1980년대 민주화운동과 그 세대들의 역사가 다시 조명되었다. 다음세대가 지난세대의 공과를 통해 교훈 받아 성장하기 위해서는 지난 역사가 기록되어야 한다. 그러나 그때 그 자리에 우리 선배, 동료들도 함께 있었고, 복음주의자들도 그때를 계기로 '사회적 회심'을 경험했다. 그런데 어느새 성인이 되어버린 내 아이들만 해도, 그 역사를 모른다. 증언이 없기 때문이다. 우리 다음 세대가 '하나님을 시대와 역사의 주님으로 고백한다 던 한국교회는 그 중요한 시기에 무엇을 했느냐?' 묻는다면 우리는 어떻게 대답할 수 있을까? 이 당연한 질문 앞에서 증언이 필요하다.

하나님나라를 응시하다

　그러나 아재들이 군대생활 얘기하듯, 과장을 섞어가며 자랑이나 업적을 말하자는 게 아니다. 우리가 믿는 하나님이 온 세상을 만드시고, 다스리는 전능자시며, 사랑 때문에 모든 불의와 억압으로부터 구원하시는 하나님이라면, 하나님은 교회 밖 세상에서도 왕성하게 일하셨다는 증언이 필요하다는 말이다. 그때나 지금이나 악하고 약하지만 부족한 죄인들의 충성을 통해 그분이 어떤 일을 만들어 오셨는지에 대한 증언 말이다. 역사와 증언은 잘했고, 성과 있었다는 것만을 말하기 위해서가 아니라 부족하고 아쉬운 것을 남기기 위해서도 필요하다.

　우리가 믿는 하나님 나라는 구체적인 시대와 역사 속에서 경험되고, 체험된다. 특히 그것은 시대적 변화와 크고 작은 사건과 사고들, 그리고 우리의 일상을 관통하고, 바꾸어 간다. 이 사실을 놓치면 우리는 교회라는 특정 공간과 주일이라는 특정 시간에 갇힌 작은 하나님을 전부인 줄 오해하게 된다. 그렇기 때문에 사회선교적 증언은 '전능하사 천지를 만드신 하나님'께서 '나라와 권세와 영광'으로 세계와 역사를 새롭게 하시는 참된 주님임을 믿는 고백이 빈 말이 아니라, 엄연한 사실임을 경험하게 해준다. 그것은 성경이 하나님의 구속사의 중심 사건들인 출애굽출 19:4-6과 포로 귀환스 1:1-3, 그리고 메시아인 예수의 탄생마 1:24-25을 이집트 제국의 가혹한 식민지 압제와 수탈, 새롭게 세계를 제패한 페르시아 제국의 식민정책의 변화, 강철처럼 강한 로마제국의 세계경영과 헤롯 왕국의 대리체제 같은 세계사적 사건들 한복판에 일하신 하나님의 역사로 드러내는 것과 같다.

우리에게도 동일하다. 한국현대사의 일제강점, 해방과 분단, 전쟁과 독재, 경제개발과 민주화운동, 그리고 이제 남북화해와 한반도 평화시대 돌입 등 모든 역사적 사건사고들이 여전히 하나님께서 당신의 구속을 이루어 가시는 과정 속에서 사용되고 있음을 우리는 볼 수 있어야 할 것이다. 그러므로 교회에서는 좁은 의미의 구속사만 배우고, 우주와 역사가 돌아가는 이치는 세상에서 따로 배워야 하는 이원론은 하나님나라의 작동방식이 아닐 것이다. 전능하신 하나님은 2000여 년 전 팔레스틴에서 뿐 아니라, 한국 현대사의 순간마다에서 늘 일해 오셨기에 이제 그 증언이 필요하다. '복음'과 '상황', '성서'와 '한국'은 우리가 끝까지 함께 붙들어야 할 하나님나라의 실체다. 우리는 그 중 하나를 마음대로 취사선택할 수 없다.

그럼에도 불구하고 증언은 단순히 지난 과거의 회고와 추억, 더구나 자랑이 아니다. 역사를 통해 우리에게 지금 남겨진 전망과 과제를 찾아보자는 것이다. 특별히 80년대 이후 민주화운동의 성과가 이미 기득권층의 중심에 선 386세대의 영원한 정당성으로 오해되는 것처럼, 복음주의 사회선교운동 역시 같은 층의 50-60대 중년들의 과도한 입김을 언제까지나 정당화해 주는 전설은 아닐 것이다. 시대와 사회, 교회를 개혁한다고 외쳤지만 지금 우리 역시 숨겨진 권위주의와 위선, 거짓의 모습들이 하나, 둘씩 드러나고 있음을 솔직히 고백한다. 더구나 거룩하고 아름다운 대의와 명분 속에 묵묵히 참아야만 했던 가족들과 후배 운동가들의 울분과 상처도 이제는 인정해야 한다. 이 기록을 통해 한 시대를 이제 정리하고, 새 술을 새 부대에 담는 새 시대운동이 당차게 일어나기를 기대한다.

셋째, 그러나 이 책을 쓰는 것은 내 자신에게도 매우 중요한 일이다.

지난 30년은 나와 내 가족에게도 역사다. 나는 초등학생 시절부터 역사와 현실에 관심이 많았다. 그 당시 남자 아이들이 흔히 그렇듯이 유신시대에서 자랐던 나도 대통령 박정희를 선망하며 군인이 되어 부패한 세상을 혁명으로 바꾸겠다는 꿈을 키웠다. 내가 중학교 1학년이던 1979년 박정희가 피살되었지만, 뒤이은 대통령 전두환은 내 꿈의 확실성을 더욱 보증하였다. 풍운을 꿈을 안고 도전한 육군사관학교 시험에서 떨어지고 군인은 되지 못했지만, 세상 뒤집기에 대한 내 꿈은 여전히 살아남아 정치와 운동에 대한 관심으로 이어졌다.

물론, 같은 세상 뒤집기에 대한 꿈이라 해도 청년시절 나는 이전까지와는 다른 두 번의 결정적 세계관적 변화를 겪는다. 첫 번째는 대학생이 되어 관제교과서 밖의 세상을 목격하고, 학생운동에 참여하면서 사회과학과 소위 이념서적을 탐독하며 방향이 바뀐 것이다. 전공인 철학과의 특성상 신입생 때부터 자연스레 운동권 팀을 만나 학습할 수 있었고, 지방대학의 자취신입생의 장점으로 한때 내 자취방은 화염병 제조공장과 수배선배 은신

처로 이용되기도 했다. 그러나 교문 곳곳마다 전경들이 배치되어 있고, 학교 안에서조차 사복경찰이 공공연히 돌아다니던 시절 화염병을 학내에 들여가고 전단을 뿌리면서 체포와 고문의 막연한 두려움에 시달렸고, 또한 지나친 교조적 학생운동의 경직성에 갈수록 실망하면서 2학년 때부터는 점점 발걸음을 멀리하였다.

두 번째 변화는 기독교세계관적 회심이다. 학생운동과 거리를 둘 무렵이던 1987년 2월 나는 우연찮게 박철수 목사가 대표로 있던 겨자씨모임 아모스 스쿨의 김진홍 목사 연속설교를 들으며, 하나님나라에 세상 뒤집기의 원판이 숨어 있다^{행 17:6-7}는 사실을 깨닫게 되었다. 감격했다. 그것이 계기가 되어 겨자씨모임 회원 자격으로 당시 첫 발을 내딛던 복청학련 등 사회선교운동에 참여할 수 있게 되었다. 그러나 2학년 때 박철수 목사의 소개로 원우회장을 준비하던 이박행 전도사^{현 복내전인치유센터 원장}를 알게 되었고, 그의 당선 후 학술부장을 맡아 복청학련의 경험을 본떠서 학내에서 사회선교학교를 개설하였다.

93년 졸업과 동시에 선배들의 추천으로 시민단체 경제정의실천시민연합의 기청협 간사를 맡게 된 것이 지금껏 운동주변에 남는 계기가 되었다. 95년 결혼 후 남북나눔운동 간사를 맡으며 청년시절부터 늘 관심사였던 남북의 평화운동에 참여할 수 있었고, 그 후 교회개혁실천연대와 평화누리, 하나누리를 거쳐 2008-2013년까지 성서한국의 실무책임자를 끝으로 직업 운동가 활동을 마무리했다. 그 사이 2010년 교회를 개척하여 2017년까지 담임목회를 하기도 했다. 어떤 사람들은 내게 남들이 가지 않는 힘들고 어려운 일을 한다며 박수를 보내주었지만, 나는 그게 딱 맞았다. 하고 싶은 것을 했고 다른 것 하라 해도 못했을 것 같으니, 참 복 받은 사람이고 그렇기에 자랑할 게 없다. 언제, 어디서, 어떻게, 무엇을 하게 될지 아무 것도 몰랐지만, 당시마다 내게 가장 필요하고, 합당한 일이라고 여겨지면 그냥 시작했고, 그 과정에서 내 장점과 성공의 사례 뿐 아니라, 단점과 실패의 아픔마저 남김없이 사용되는 경험을 할 때마다 하나님의 세심한 개입을 느껴왔고, 그게 감사할 따름이다.

이제 나이 50을 넘어가는 지금, 하나님나라의 대의와 변혁에 대한 큰 명분에 빠져 놓쳤던 내 삶을 다시 돌아보고 있다.

우선, 일찍 남편을 여의고 홀로 5남매를 길러내고 아들이 목사 되기를 서원했기에 숱한 고생을 마다 않으신 어머니에게 뒤늦은 감사와 사랑을 전한다. 또 어려서부터 목사와 운동가의 자식으로 적지않은 불편함을 겪어야했지만, 잘 받아주고 어느덧 멋진 성인이 되어준 딸과 아들에게 진심으로 감사한다. 무엇보다 신혼 때부터 시어머니를 모시고 박봉에 가정을 꾸려오고 개척교회 사모노릇까지 잘 감당해 준 아내의 수고와 사랑에 존경과 감사를 드린다. 아내 덕분에 맘 놓고 일할 수 있었다. 또, 늘 무심했던 사위를 묵묵히 응원해 주신 장인, 장모님께도 진심으로 감사드린다. 그리고 수없이 많은 선후배, 동역자들의 수고와 헌신은 본문 안에 최대한 담으려고 했다. 내가 한국복음주의 사회선교운동의 한 귀퉁이나마 붙잡을 수 있었던 것은 모두 이들의 공로임을 나는 결코 잊을 수 없다.

마지막으로 어려운 출판여건 가운데서도 사명감과 동역자의 심정으로 인기없는 주제의 졸저를 기꺼이 내 주시는 배용하 대장간 대표와 이승호 편집자에게 진심으로 감사드린다.

하나님나라와 총체적 복음 속 사회선교의 자리

1. 총체적 복음-'예수 천당, 불신 지옥!'만으로 충분하지 않다.

기독교의 복음이해에 대한 큰 오해가 하나 있다.

'죄로 인하여 심판받아 마땅한 죄인을 구하러 오신 예수님의 죽음과 부활을 믿음으로 구원받게 된다'는 소식이 바로 복음의 전부며 그것으로 충분하다는 것이다. 이 말을 감히 누가 틀렸다고 할까? 그러나 이것이 바로 복음의 '전부'이고 그것으로 '충분'하다는 것이며, 그래서 그 외에는 모두 부록 같은 것이라는 생각이다. 그러나 이것은 복음에 대한 기본적인 오해다. 성경의 흐름 자체가 그렇다.

하나님이 처음 세상을 지으셨을 때, 그것은 하나님의 의도와 쓰임에 꼭 맞는 아름답고 선한 것이었다.창 1:4, 10, 12, 18, 21, 25, 31/창조의 총체적 성격 창조의 마침표로 사람을 지으시고 에덴동산에 두셨을 때 그에게는 한 가지 대단히 중요한 사명이 부여되었으니, 하나님께서 선하게 지으신 온 세상과 만물을 하나님의 뜻에 따라 잘 지키고, 가꾸고, 다스려 가라는 것이다.창 1:26-28 그러므로 온 세계와 모든 만물은 인간이 멋대로 남용해도 좋은 도구도,

배경도 아니다. 자연만물은 인간을 위해 존재하는 자원만도 아니고, 또 하나님 대신 사람으로 주인이 바뀐 것도 아니다. 실제로 인간이 타락하기 전까지 그 임무는 성실히 수행되었다.창 2:15, 19 그러나 사람이 하나님께 죄를 짓고 타락했을 때 이미 하나님의 창조질서 전반에 죄의 영향이 파고들기 시작했기에 모든 만물은 함께 오염되고 만다.창 3장/총체적 타락, 전적 타락

자기 내면에도 낯선 변화가 일어나고7절↔2:25, 늘 함께 동행하던 하나님이 두렵고, 싫어 피하고 싶은 존재가 되었고8, 10절↔1:26-28, 서로 죽고 못 살겠다던 사이가 너 때문에 내가 이 지경이 되었다며 서로 원수가 되었다.12, 13, 16절↔2:23, 24 그러니 다른 만물이라고 온전할 리가 없다. 서로 공격하고 상하게 하고, 이미 황폐해져서 죽도록 땀을 흘려도 입에 풀칠하며 살기도 힘들다. 만물이 만물을 향해 끝없는 생존투쟁을 해야만 한다.14-19절↔2:15, 19 만물을 만들면서 거듭 '하나님이 보시기에 좋았다'시던 세상 만물이 인간의 타락으로 인해 오염되어 함께 뒤틀려졌다.

그러므로 구원은 마땅히 하나님께 복종하며 세상을 다스려야할 인간이 다시 그분께 돌아와 하나님을 사랑하고 복종하는 것으로부터 시작된다.롬 8:1, 11 하지만, 구원은 거기서 끝나지 않고 반드시 온 피조세계가 처음 지으신 본래 좋았던 모습으로 다시 회복되는 것롬 8:19-22을 모두 담고 있다.사 11:6-9, 65:17-25, 계 21:1-5 이처럼 하나님의 구원은 위대하고 우주적인 것이다.

총체적 구원

그러므로 우리의 복음전함도 먼저 죄인인 인간이 다시 하나님께로 돌아오도록 권하고 선포하는 것으로 시작되지만, 반드시 피조물 전체와 사회구조의 아름다운 변화를 향한 수고에까지 나아갈 사명이 주어진다.고후 5:17-19, 골 1:20 따라서 복음이란 개인적 회심에서 그칠 일이 아니라, 모든 피조세계에 두루 미칠 큰 기쁨의 좋은 소식눅 2:10이다. 이것이 바로 총체적 복음Whole Gospel이다.

"하나님나라는 먼저 개인의 인격과 삶에 임하고, 다음으로 인간관계에 임하고, 가족 안에 임하고, 교회에 임하고, 일반 사회에 임하고, 국가에 임하고, 온 세계에 임하고, 온 생태에 임하고, 마침내 온 우주 삼라만상에 임합니다."하나님나라 복음, 김세윤, 김회권, 새물결플러스, 2013년, 22쪽

2. 사회선교–사회를 하나님의 선한 통치로 바꾸는 선교사역

복음이 이렇게 총체적이고 우주적 성격을 갖고 있으므로 그리스도인의 사명도 마땅히 개인적이고 내면적인 부분을 넘어 사회적이고 우주적인 데까지 나아가야 한다. 즉, 우리가 진정 하나님의 백성이요, 그리스도인이라면 어찌하든 한 사람이라도 더 전도하고 선교하는 일에 힘써야하는롬 1:14, 15 동시에, 하나님의 성품을 반영하는 좀 더 공의롭고 평화로운 세상을 만들기 위해 수고하는 일에 동일하게 부르셨음마 5:13-16을 고백해야 한다. 물론 그리스도인 개인의 성화가 완전에 이르지 못하는 것처럼, 하나님나라

닭은 공의와 정의의 수고도 완전에 이르지 못할 것이지만 말이다.

우리 중에는 전도하는 일에 좀 더 큰 달란트를 발휘하는 사람이 있고, 봉사하는 일에 좀 더 아름다운 열매를 보여주는 사람이 있지만 그들 모두는 차별적이거나 우열을 가릴 일이 아니라, 하나님과 세상을 유익하게 섬기도록 주신 동일한 은사이다.롬 12:4-8, 고전 12:4-30, 엡 4:11, 12

따라서 그가 참으로 주님의 마음으로 하나님과 세상을 섬겨간다면 오지에서 복음을 전하는 것과 소외된 이웃을 섬기고 세상을 변혁하는 일은 같은 하나님나라의 일이다. 다만 전자에 주력하는 국내/해외선교운동과 후자에 집중하는 사회선교운동으로 구분할 수 있을 것이다. 그러므로 환경운동, 인권운동, 통일운동, 노동운동, 교육운동 등은 당연히 하나님의 일꾼된 그리스도인의 선교적 사명 안에 포함된다. 그래서 하나님 안에서의 구원과 회복도 '영혼구원'과 '개인적 영생'으로부터 시작하지만, 만유의 회복인 '새 하늘과 새 땅'계 21:1-5으로 완성될 것이다.

3. 하나님나라—지금, 여기에서 벌어지는 하나님의 주권과 다스림

그러므로 하느님의 나라Βασιλεία του Θεου 바실레이아 투 데우는 특정한 시간이나 공간에 한정되지 않고, '아직' 완성되지는 않았어도 그리스도의 오심으로 '이미' 왕성히 경험되는 '하나님의 우주적 통치'를 말한다. 우리가 하나님나라를 믿는다는 것은 개인이나 집단과 구조, 역사와 우주, 보이는 것이나 보이지 않는 것 등 모든 것의 참된 주인이 하나님이기에 지금 죄와 사망의 사슬에 묶인 모든 세계를 다시 그분에게 돌리도록 온 힘을 다해 충성하며 사는 것이다. 이처럼 주류 교회에서 오랫동안 망각해 왔던 하나님나라를 다시 깨닫게 되자, 모든 역사와 세계, 그리고 우리가 살아가는 모든 일상의 의미가 역동적으로 살아난 것이다. 우리의 인생과 일상은 하나님 안에서 모두 새롭고 의미 있다. 고후 5:17-19

4. 사회봉사냐, 구조개혁이냐?

이제 복음이 개인구원을 넘어 삶의 개선, 사회와 구조의 변화, 만물의 회복에까지 미치는 총체적인 것이라는 인식의 변화가 생겼다. 이러한 인식 변화는 그저 신학적 인식확장에서 그치지 않고, 삶과 세상에 대한 이해와 실천의 변화에까지 두루 미친다. 그러나 그것만으로도 충분하지 않다. 전통적인 인식은 교회가 감당해야할 사회적 책임이 가난한 사람 먹이고, 입히고, 병든 이들을 돌보는 구제와 봉사로 한정하기도 한다. 한국교회는 사회복지 차원의 역할을 비교적 잘 감당해 왔다. 그러나 구제와 봉사의 영역을 벗어나 사회구조를 개혁하고 제도와 권력을 바꾸려는 노력은 교회의 사명으로 여기지 않는다. 물론 이 부분은 구제영역보다 훨씬 민감하고, 주의해야 할 점이 많다. 그러나 과연 교회의 사회적 책임을 우리 마음대로 한계 지을 수 있을까?

한 예로, 내가 지역목회자로 일하던 때 동네 옛 마을에는 인생의 사각지대에서 가난과 온갖 병마와 싸우며 늘 "빨리 죽었으면 좋겠다"는 말을 달고 사는 독거노인들이 많았다. 우리는 이들이 비록 힘겨운 인생을 하루하루 살아도 하나님을 만나 진정한 생명의 새 삶을 살아가기를 진심으로 바라며, 복음을 전하고 신앙을 권했다.복음전도 그러나 이들에게 아버지 되신 하나님의 사랑은 믿는 이들의 진심어린 애정과 돌봄을 통해 보여져야하겠기에 우리교회도 할 수 있는 한 의식주 돌봄에 힘을 보탰다.사회봉사, 구제와 긍휼사역 그러나 이들의 변함없는 가난과 질병은 어김없이 불의하고, 뒤틀린 사회구조에 직결돼 있었다.

더도 덜도 말고 지금 허름하지만 정든 동네에서 남은여생을 마치게 해달라는 소박한 요구조차 가진 자 위주의 재개발 정책으로 인해 무시되는 것을 보며, 우리는 자본과 지주의 이권에 충실한 시의 재개발 정책에 대해 항의하는 목소리에 함께 했다.사회선교

이처럼 전통적인 기독교가 집중해 온 개인과 마음, 주일, 교회 및 종교영역에 한정된 하나님에 대한 이해를 하나님나라, 총체적 복음, 사회선교는 모든 삶, 일상, 세상 모든 영역과 온 역사에까지 두루 미치지 않는 곳이 없다는 믿음을 주었다. 복음주의 사회선교운동의 자리가 단지 사회적 공공선의 실현이나 세상의 사회변혁운동과 다른 것은 이처럼 하나님나라와 총체적 복음의 고백과 믿음 안에서 벌이는 사회적 선교 활동이라고 믿기 때

문이다.

그러므로 지금부터 서술하려는 이 기록도 1980년대부터 점점 확산되어 간 하나님나라와 총체적 복음의 새로운 인식이 군사독재투쟁과 민주화운동시대를 맞아 사회선교운동으로 결합되어 지금에 이르고 있는 약 30년의 역사다. 하나님의 말씀인 성경이 진리에 대한 개념이나 이론이 아니라 실제 역사를 바탕으로 하듯이, 이 책도 치열하게 전개되는 대한민국의 현장들에서 하나님께서 일하신 또 하나의 역사를 새삼 증언해 보려는 노력으로 보아주기 바란다.

제1장

복음주의 사회선교운동을 잉태한 역사적 토양

제1장
복음주의 사회선교운동을 잉태한 역사적 토양

모세가 하나님의 산 호렙에서 처음 부름을 받았을 때, 그 부르심은 뜬금 없이 갑자기 주어진 게 아니라 400여 년 동안 고통당하며 애타게 부르짖 었던 이스라엘 백성들의 호소 끝에 주어진 응답이었다. 한국복음주의 사 회선교운동도 어느 날 갑자기 스스로 알을 깨고 태어난 존재가 아니다. 우 리 앞서 130여년 한국근현대의 시기 동안 믿음 안에서 묻고 응답해 온 선 각자들과 많은 지도자들, 교회들이 있었다. 또 시대를 말씀 안에서 해석하 고 실천해 온 바다 건너 국제복음주의운동의 도전과 응전을 받아 태어난 자식이다.

1. 한국근현대사 속 개신교의 사회적 역할

당대사회에 준 종교사상의 측면에서 볼 때 고려 500년이 불교의 시대로 기억되고, 조선 500년이 유학의 시대로 기억된다면, 일제 강점기를 거쳐 지금에 이르는 한국근현대사 100여년은 감히 개신교의 시대라고 부르고 싶다. 개신교가 가장 컸기 때문도, 모든 것을 다 잘했기 때문도 아니다. 개 신교의 교세는 가장 컸던 적도 없었고, 늘 긍정적이지만도 않았다. 그러나 한국개신교가 지난 100여 년 동안 한국사회와 역사에 끼친 영향력은 개신교보다 약 100년 앞서 전래된 가톨릭은 물론, 여전히 최대종교인 불교나 전통적 유교사상을 능가하는 것이다. 긍정적이든 부정적이든, 개신교의 큰 영향력은 늘 시대정신과 변화에 민감했다는 사실에 있다. 그렇다면 반대로 지금 개신교의 영향력이 한국사회에서 점점 줄어들고 있는 것은 누군가의 탄압 때문이 아니라 이미 기득권세력이 되어 시대정신과 변화에 둔감해 졌기 때문일 것이다. 이제부터 살펴볼 것은 당대의 시대정신을 잘 읽고, 기독교신앙으로 그 변화에 능동적으로 대처하려 했던 우리 선배들의 이야기들이다.

(1) 개신교의 전래와 일제시대 개신교의 사회적 활동

19세기말 개신교가 처음 전래되던 당시의 시대상황을 살펴보자. 서세동점西勢東漸의 거센 파도 속에서도 백성을 향한 마지막 수탈을 멈추지 않던 부패 무능한 500년 조선왕조의 기운은 다했고, 백성들은 목자 잃은 양처럼 헤매며 갈 바를 알지 못했다.마 9:36 고려의 종교인 불교는 무능했고, 조선을 떠받치던 유학은 이미 기득권 사대부들의 이데올로기로 전락했다. 또, 같은 그리스도교의 뿌리를 갖고서 100여년 먼저 들어온 조선 천주교도 교황청 및 프랑스 등 선교모국을 의존하다가 토착화에 실패하고 대 박해를 경험하면서 사회와 민중과 결합하는데 성공하지 못했다.

이처럼 조선왕조를 넘어 민족전체가 소멸할 절체절명의 위기와 정신적 공백상태에서 전래된 개신교는 수탈과 억압에 찌든 백성들에게 큰 위로와 소망으로 다가왔다. 알렌, 언더우드, 스크랜턴처럼 적잖은 초기 선교사들이 의사기에 백성들의 아픔과 상처에 쉽게 다가갈 수 있었다는 점이나 선교초기부터 성경을 한글로 번역하여 보급하면서 가부장과 양반에게 짓눌려 있던 여성과 상민에게 배우지 못한 한을 풀어주었다는 점 등이 백성들의 마음에 빠르게 자리 잡을 수 있었던 요인이다.

또한 민족의 앞날을 염려하던 당시 민족선각자들도 이미 수명을 다한 조선을 대신해 민족을 다시 일으키려면 새로운 시대정신이 일어나야 한다고 믿었고, 그 힘은 한창 뻗어나가는 청년정신 같던 개신교를 통해서 가능하다고 생각하게 되었다. 실제 기독교신앙과 함께 수용된 학교제도, 의료제도와 한글교육은 실의에 빠진 백성들을 일으키고, 민족의식을 다시 깨우는 중요한 역할을 했다. 무엇보다 청나라, 러시아, 일본 등의 제국주의와는 한결 달라 보이던 미국의 힘은 구원자처럼 보였고 그들의 청교도신앙에 자연스럽게 빠져들게 된다. 독립협회의 핵심적 지도자들인 서재필, 윤치호, 정기중 등은 개신교인이었는데, 이들은 서구 근대 민주주의 사상을 당시 감리교, 장로교의 교회와 언론을 통해 대중에게 소개했다. 또 교회 청년회나 선교사들이 설립한 학교를 통해 민족의식과 민주주의, 민권사상이 널리 소개되었다. 1903년 서울에 황성기독교청년회라는 이름의 한국 YMCA가 창립되었는데, 여기에 벌써 개화파 지식인이던 박영효, 민영환, 윤치호, 이상재, 남궁억, 신흥후 등이 참여하고 있었다.

1910년 마침내 일제는 이름뿐인 조선을 병합하고, 식민지로 전락시켰고 개신교회는 가장 조직적인 저항세력 중 하나였다. 1911년 일제가 데라우치 총독을 암살하려 했다는 거짓 혐의로 서울, 평양, 선천 등의 개신교 지도자들을 마구 체포해 그중 105명을 유죄 선고한 사건은 일본 당국이 개신교 세력을 얼마나 두려워했는지 알 수 있는 예다. 무엇보다 1919년 전국을 휩쓴 3.1 만세운동에 개신교는 교회와 개신교계 학교를 기반으로 많은 교인들이 이를 주도하고, 적극 확산시켰다. 일제는 가혹하게 보복했다. 수많은 교회와 학교가 폐쇄되고, 목사, 장로, 성도들이 투옥되고, 살해되었다.

그러나 한편 일제의 탄압이 더욱 심해지고 다른 한편 회유가 오가면서, 1930년대 이후 한국교회 분위기도 달라진다. 일제 식민당국은 교회 중심의 민족의식 고취와 민권운동을 강력히 규제하고 선교모국인 서구제국에도 선교사들이 정치에 간섭하지 말도록 압박하였다. 그러다보니 선교사 및 한국인 교회지도자들도 차츰 '정교분리' 원칙을 내세우면서 사회와 시국상황에 대해서는 거리를 두게 된다. 그럼에도 불구하고 민족과 백성과 함께 고난을 받으며 일제 및 기득권과 싸운 개신교 사회운동의 흐름도 멈추지 않고 면면히 이어졌다.

우선 오랜 가난과 식민지 수탈의 거점이 된 농촌을 일으키자는 운동으로 나타났다. 그것은 조선중앙기독교청년회YMCA가 주도하여, 1923년부터 서울 근교와 광주, 함흥, 신의주, 선천 등의 각 지역 YMCA가 적극 참여하여 진행되었다. 이들은 의식개혁, 농사개량과 부업장려는 물론 신용 및 협동조합운동에 이르는 폭넓은 활동을 벌였다. 이어 조선여자기독교청년회YWCA도 1928년 농촌사업에 참여하였는데 가장 대표적인 사업은 농촌부녀지도자훈련소를 설치해 농촌주부들의 지위 향상, 영적 가치인식 촉진, 마을 복지향상을 위한 합리적 생활 개발 등을 도모했다. 심훈의 계몽소설 상록수의 실제 주인공인 최용신1909-1933도 당시 1931년 YWCA에서 파견한 농촌사업단의 일원이었다.

이러한 농촌운동은 교회 등 기독교계 전반에도 확산되었다. 1929년 조선예수교 연합공의회가 조선 농촌의 진흥책을 제시하였는데, 장로교도 1930년부터 매월 셋째 주일을 '농촌주일'로 정해 그 날 헌금을 농촌을 위해 쓰기로 했고, 1934년에는 농촌순회 지도를 하여 5,447명을 가르치기도 했다. 또 1938년 김용기는 경기도 양주군에서 기독교 사회주의에 근거한 이상촌 건설을 목표로 여운혁 등과 함께 농촌 공동체운동을 시작하는데, 이것이 가나안농군학교의 효시다.

반면 일제의 군국주의와 회유, 말살정책이 더욱 극심해진 1920년대 이후 기존의 민족주의 세력이 힘을 잃은 후 지식인들 사이에서는 소련의 모델을 따라 무산자 혁명을 꿈꾸는 사회주의, 공산주의도 확산되기 시작했다. 그 중에는 기독교인 지도자들이 적지 않았다. 전도사였던 이동휘임시정부 국무총리 역임가 주도가 되어 1918년 하바로스크에서 조선사회당을 만들었고, 새문안교회 장로였던 김규식임시정부 부주석 역임도 1922년 소련 페트로그라드에서 열린 '극동 피압박민족 1차대회'에 참석하였다. 이들은 사회주의, 공산주의 사상에 대한 공감보다는 조선과 같은 피압박 민족의 독립에 국제적 협력을 기대한 바가 컸다. 그러나 이후 대부분의 개신교계는 유물론적 배경의 마르크시즘과의 적대감을 극복하지 못하고 서로 대립관계를 유지하다가 해방을 맞이했다.

(2) 해방 후 분단, 독재시대와 진보 개신교의 사회참여운동

그러나 해방 후 신생 대한민국 초대 대통령에 감리교 권사인 이승만이 당선되고, 이북지역에서 권력을 장악한 공산세력과 부딪힌 후 많은 개신교인과 지도자들이 월남하여 사회의 요직을 차지하면서 개신교는 이승만 정부를 뒷받침하는 든든한 버팀목이 되었다. 미군정과 이승만 정권 아래서 정부요직을 맡았던 개신교인들은 전체의 40%에 육박했을 정도였다고 한다.

그러나 4.19로 이승만 정부가 무너진 후 한국교회는 정권과의 유착을 뒤늦게 반성하며 그 가운데 일부는 그 이후 군사독재에 대한 지속적인 예언자세력으로 등장한다. 1961년 군사쿠데타를 통해 집권한 박정희 정부에 대해 적지 않은 학생, 지식인, 종교계 등이 우려의 목소리를 내기 시작했다. 본격적인 계기는 1965년 일제 식민지 피해 묵인을 대가로 추진된 한일수교 및 경제협력에 대한 전국적 반대운동이다. 한국기독학생회KSCM나 한국기독교연합회는 공식적인 반대성명을 발표하였고, 한일협정이 조인된 후 김재준, 한경직, 강원용, 함석헌 등 기독교인사 215명도 반대성명을 발표하였다. 영락교회를 비롯해 전북, 군산, 대전, 부산 등에서 반대집회 및 기도회가 열렸다. 또 1967년 헌법까지 바꿔 세 번째 대통령이 되려던 박정희 정권을 반대하는 3선 반대운동에도 진보적 개신교 세력은 힘을 모았다. 기독교장로회의 창설자인 김재준은 '3선 개헌반대 범국민투쟁위원회' 위원장이 되어 운동을 이끌었다.

박정희 정권의 독재가 굳어지는 1970년대가 되어서 진보적 개신교인들과 교회는 반독재운동을 조직화하고 탄압받는 민중들과의 연대에 힘을 모은다. 1974년 5월에는 유신시대 대표적인 공안조작사건인 전국민주청년학생총연맹민청학련 사건이 일어난다. 이 사건에 대한 비상군법회의 발표문 중에는 『… 5)기독교인 중 일부의 반정부세력 등 여러 세력과 결탁하여 … 공산정권을 수립하고자 했던 국가변란기도사건이다』고 기록했을 정도다. 이 사건으로 203명이 구속되고 183명이 실형을 살았는데, 이때 기독학생회총연맹KSCF 회장과 간부 등 26명이 투옥되어 당시 기독학생운동의 큰 위기를 맞는다.

한편 1970년 11월 일어난 전태일 분신사건 이후 진보적 개신교계는 노동현장의 개선을 위해 더욱 조직적인 활동을 전개한다. 대한예수교장로회 통합, 기독교대한감리회, 한국기독교장로회 등 교단소속 산업선교회들이 1971년 '한국도시산업선교연합회'를 구성하여 함께 힘을 모았다. 특히 한국노총이 유신 독재를 지지하자 도시산업선교회는 그들과 관계를 단절하고 민주노조를 설립하고, 지원활동을 벌였다. 그러나 유신정부는 1973년 이런 활동을 주도하던 조지송, 김경락 목사 등을 구속하는 등 대대적 탄압으로 맞섰다. 1979년 8월에는 여성 노동자들이 자기 공장의 일방적인 폐업을 철회하라는 농성을 벌이다가 경찰의 강제진압 작전 중 농성자 1명이 죽음에 이른 YH사건이 일어난다. 이 사건이 발생하자 한국기독교교회협의회KNCC와 도시산업선교회 등 개신교계가 그 부당성을 세상에 알리다가 문동환당시 국회의원, 인명진갈릴리교회 담임, 당시 영등포 도시산업선교회 총무, 서경석당시 사회선교협의회 총무 등이 구속되었다.

1979년 11월 박정희 대통령이 측근에 의해 피살된다. 대통령 시해사건 조사를 계기로 등장한 신군부는 1980년 국민을 지켜야할 군대를 동원하여 시민들을 무차별 살육한 광주학살사건을 일으켰다. 정부는 언론통제와 감시 속에 광주사건을 은폐하지만, 1982년 고신대학교 신학생 문부식, 김은숙 등은 광주의 만행과 독재정권을 지원하던 미국의 역할에 항의하는 부산미문화원 점거사건을 일으켜, 광주와 미국의 문제를 세상에 처음으로 제기하였다. 1985년 총선에서는 김대중, 김영삼이 손을 잡고 야당돌풍을 일으킨 후, 재야세력도 민주화운동의 연대체인 '민주·통일 민중운동연합' 민통련/의장 문익환을 결성하여 대통령직선제 등의 개헌운동을 시작한다. 이 운동에 전국목회자정의평화실천협의회회목정평를 시작으로 한국기독교교회협의회KNCC, 한국기독청년협의회EYC, 한국기독학생총연맹KSCF 등이 개선서명운동에 적극 나섰고, 1987년 민주화운동으로까지 이어졌다.

1987년 1월 일어난 박종철 군 고문치사 사건은 정권의 잔인한 폭력성을 온 천하에 드러냈고, 기독교기관들은 물론 주요 교단 및 신학교 등에서도 규탄성명과 추모기도회들이 잇따랐다. 그해 6월 다시 이한열 사건까지 일어나자 국민적 저항은 더욱 걷잡을 수 없이 확산되었다. 6월 민주항쟁 기간 중 기독교대한감리회는 1,500여명이 참석한 가운데 서울종교교회에서 '민주화를 위한 구국 기도회'를 가졌고, 대한예수교장로회 통합에서도 2,500여명이 참석한 가운데 '나라를 위한 기도회'를 서울새문안교회에서 열었고, 구세군대한본영도 6월 28일 주일을 나라를 위한 기도주일로 정해 기도했으며, 6월 항쟁을 이끌었던 '민주헌법쟁취국민운동본부'에는 많은 개신교인들이 참여했다.

이처럼 1960년대 반 독재투쟁과 1970년대 유신반대운동, 1980년대 통일, 평화운동의 대열에서 에큐메니칼 진영 교회 및 진보적 기독교인들은 앞장서서 활동하였다. 권력과 자본의 전횡으로 사회는 병들어가고 국민들은 신음하는데, 교회만 부흥할 수는 없다. 개신교 전래 130여년의 역사를 살펴볼 때, 본래 복음의 성격이 그렇듯이 예수 믿는 신앙고백과 삶이 분리되지 않는 사회적 실천운동은 면면이 이어져왔다. 독재정권의 두려운 탄압 속에서도 꿋꿋이 고난의 길을 걸으며 온 힘을 다해 앞서 섬겨온 진보기독교운동에 복음주의자들은 진심으로 감사해야 한다. 그 당시 암울한 시대상황을 하나님의 힘으로 극복하려는 의지를 담은 곡들이 찬송가에 수록되어 있다. 345장 "캄캄한 밤 사나운 바람 불 때" 1921년 김활란, 580장 "삼천리반도 금수강산" 1922년 남궁억, 515장 "눈을 들어 하늘 보라" 1952년 석진영, 582장 "어둔 밤 마음에 잠겨" 1966년 김재준

※ 이상은 '한국기독교 사회운동사'(민경배, 대한기독교출판사, 1987), '한국기독청년학생운동100년사 산책'(조병호, 땅에쓰신글씨, 2005), '한국 기독교의 사회 참여의 역사'(임왕성, 2008) 등을 참고하였다.

2. 국제 복음주의운동과 로잔운동의 영향

'복음주의'라는 용어는 사용하는 시대와 입장에 따라 아주 다양한 정의가 가능할 정도로 폭이 넓다. 그러나 지금 우리가 이야기하려는 복음주의 사회선교운동의 관점에 집중하려면 20세기 기독교세계의 동향과 변화로부터 시작하는 게 좋겠다는 생각이다. 이재근은 '세계 복음주의 지형도'복

있는 사람라는 책에서 그 변화의 지점을 세계대전이 끝나는 **1945**년으로 보고 있다. 45쪽 양차 대전1914~1918년 제1차 세계대전, 1939~1945년 제 2차 세계대전을 겪은 엄청난 충격은 단지 전쟁의 원인과 과정, 승자와 패자, 정치, 군사적 변화를 넘어 삶과 세계를 바라보는 모든 관점을 달라지게 했다. 전쟁 전까지 문명이 급속도로 발전하면서 인류는 무한히 발전할 것이며 지상낙원을 건설할 수 있을 같던 자유주의적, 인간중심적 낙관신학이 무너지고, 인간의 깊은 죄성과 암울한 실존을 하나님 앞에 내어놓는 칼 바르트 중심의 신정통주의가 일어난다. 이러한 유럽의 다양한 신학적 사조들은 청교도신앙에서 시작된 미국 기독교 토양도 양분시켰다. 계몽주의와 인본주의적이며 자유주의적인 신학사조가 미국에 들어오면서 이를 방어하려는 근본주의자들은 더욱 고립적이고, 폐쇄적인 장벽들을 굳건히 쌓아올렸고, 그러한 기독교에 대한 사회의 시선은 갈수록 싸늘해져갔다.

이때 기독교신앙의 기본진리를 굳게 붙들면서도 세상과 고립되지 않고 사회변화와 소통하려는 일련의 흐름들이 **1947**년을 기점으로 일어난다. 이들의 활동은 전국복음주의협회NAE, 풀러신학교, 크리스채너티 투데이 등을 활용하며 신복음주의로 불리게 되는데, 칼 헨리, 오켕가, 빌리 그레이엄 등이 대표적인 인물이다. 이들은 새로운 국제복음주의운동의 한 동력이 된다. 또한 국교도인 성공회든, 비국교도든 비교적 극단적인 대립과 단절을 띠지 않고, 시대적 변화의 추세에 맞게 복음적 과제를 찾아갔던 영국 복음주의자들 역시 존 스토트를 중심으로 새로운 국제복음주의운동의 또 다른 한 축을 담당하게 된다.

아무튼 당시 국제기독교계는 1, 2차 세계대전 이후 전쟁, 기아, 인권 등의 문제로 얼룩진 세상에 합당한 응답을 내놓아야 한다는 책임을 강하게 느꼈고 그 가운데서 세계교회협의회WCC를 창립했다. 그러나 복음주의자들은 WCC가 신학적으로 지나치게 자유롭고, 단일교회운동을 추구하는 게 아니냐는 등의 의심을 지금까지 거두지 못하고 있다. 그래서 1960년대 들어 국제복음주의 안에서도 WCC운동과는 거리를 두지만, 신앙과 선교운동에만 머물러 있던 모습을 벗고 세상과 소통하려는 움직임이 일어난다. 먼저 1966년 4월 미국 휘튼에서 102개 선교부 대표들이 모여 채택한 휘튼선언의 일부에 기독교의 사회적 책임에 대한 언급이 처음으로 들어갔다. 이후 1973년 11월 시카고 선언을 거쳐 1974년 스위스 로잔에서 모인 150개 국가, 135개 교파 대표 2473명이 참석한 로잔대회에서 드디어 복음 전도와 사회적 책임은 기독교의 두 날개임을 선언하기에 이르렀다. 로잔대회는 존 스토트가 초안을 잡은 총 15개의 언약 가운데 다섯 번째로 '그리스도인의 사회적 책임'을 넣었는데, 그 부분의 주요내용은 이와 같다.

"사람은 하나님의 형상으로 창조되었기에 인종, 종교, 피부빛, 문화, 계급, 성 또는 연령의 구별없이 모든 사람이 타고난 존엄성을 지니고 있으며 따라서 사람은 서로 존경받고 섬김을 받아야 하며 누구나 착취당해서는 안된다. 이 점을 우리는 등한시하여 왔고, 또는 왕왕 전도와 사회 참여가 서로 상반되는 것으로 잘못 생각한데 대하여 참회한다. 사람과의 화해가 곧 하나님과의 화해가 아니며, 사회 행동이 곧 전도는 아니며, 정치적 해방이 곧 구원은 아닐지라도, 전도와 사회-정치적 참여는 우리 그리스도인의 의무의 두 가지 부분이라는 것을 우리는 인정한다. …우리가 주장하는 구원은 우리의 개인적 그리고 사회적 책임을 총체적으로 수행하도록 우리를 변화시키는 것이어야 한다."

이제 와서는 너무 당연해 보이지만, 당시 사회, 정치적 참여를 전도와 동등한 그리스도인의 의무로 규정한 이 선언은 적지 않은 복음주의자들에게는 충격이었다. 이어지는 1979년 인도 마드라스 대회, 1980년 남미 복음화대회에서 이것을 다시 확인했고, 1983년 휘튼선언에서 절정에 이른다. 이어 1989년 필리핀 마닐라에서 모인 로잔 Ⅱ대회와 가장 최근인 2010년 남아공화국 케이프타운에서 모인 로잔 Ⅲ대회는 이를 더욱 세밀화 하였다.

복음전도와 사회적 책임을 그리스도인 사명의 두 축으로 선언한 1974년 로잔대회에 조종남전 서울신대 총장, 한철하아세아연합신학대학교 초대 총장, 조동진전 한국복음주의협의회 총무, 김옥길이화여자대학교 총장, 문교부 장관 역임 등 몇 명의 한국대표가 참석 했다. 그러나 1974년 당시는 유신독재가 절정에 달해 민청학련 사건으로 8명을 사형시키는 등 정부의 사회통제도 극한에 이르던 때였다. 그런 와중에도 정부의 협력 아래 대규모 전도집회인 엑스플로74가 여의도에서 진행되어 폭발적인 반응을 얻으며 분위기를 주도했기에, 로잔대회 참가자들은 귀국 후 분위기 조성이 되기 전까지는 로잔대회 메시지를 전하지 않는다고 합의했다 한다.

그러한 약속에도 불구하고 그 이후 로잔언약과 새로운 메시지들은 한국에도 암암리에 소개되었고, 청년들과 신학생, 젊은 목회자들이 이를 공부하기 시작했다. 이후에 살펴보겠지만, 1980년대 중반 이후, 드디어 한국복음주의에 사회선교운동이 일어날 때 로잔언약은 이들의 활동의 정당성을 뒷받침하는 든든한 신학적 배경이었다. 따라서 로잔운동으로 대표되는 새로운 국제복음주의운동도 분명히 우리나라 복음주의 사회선교운동에 도움을 준 중요한 요인이라 할 것이다.

제2장

80년대 민주화 운동과
복음주의 사회선교운동의
태동

제2장

80년대 민주화 운동과 복음주의 사회선교운동의 태동

1. 80년대 시대상황과 사회선교운동 초기 주역들의 만남

1980년대 중반 이후 한국사회는 변화의 바람이 불기 시작했다. 12.12 쿠데타로 집권한 신군부 전두환, 노태우 정권은 공권력을 바탕으로 권위주의 통치를 이어갔다. 그러나 국내적으로는 김대중, 김영삼 중심의 야권 및 오랜 재야운동세력, 그리고 노동자, 청년학생들의 희생을 무릅쓴 지속적인 저항과 투쟁 앞에 한계를 보이기 시작한 것이다. 외부요인도 있다. 쿠데타로 집권한 정통성 없는 정부라는 국내외의 시선을 불식시키려고 유치한 아시안게임86년과 올림픽88년을 치르면서 정권의 관대함과 유연함을 과시하는 개방정책, 유화적 분위기를 연출했는데, 그것이 더 합법적인 사회 변혁의 공간이 만들어지는 계기가 된다.

이러한 분위기 속에서 폭넓게 확산된 민중, 민주운동과 대학가를 중심으로 확산된 통일운동의 열기는 보수라고 불리던 일부 복음주의교회의 소장 목회자들과 청년학생들에게도 큰 충격과 깊은 각성을 불러 일으켰다. 그들은 하나님의 사랑과 구원의 방주라고 믿어왔던 교회가 엄혹한 시대 상황을 목격하면서도 책임 있는 응답은커녕 최소한의 관심조차 없다는 사실에 절망감을 느꼈다. 그들에게는 하나님께서 온 세상을 지으시고, 사람을 사랑하신다는 정통고백이 이 불의한 권력, 잔인한 현실에서 무슨 의미인지 묻지 않을 수 없었고, 자연스럽게 하나님나라의 도래에 관심을 갖게 되었다. 더구나 한국 사회변혁운동의 중요한 토대 중 하나였던 진보적 기독교운동이 1980년대 이후 점차 약화되던 시기와 겹쳤기에, 그 동력의 일부를 자연스럽게 복음주의운동과 나누게 되는 계기가 만들어진 것이다.

"진보는 사회적 실천에서 선도적인 면을 보여주었으나, 그 성과를 한국교회 내에 이전시키기에는 교회적 토대가 빈약했고, 그 신학은 교회의 전통과 정서로부터 이질감을 느낄 정도로 급진화된 경향을 보였다.…그 결과 진보적 기독교는 … 일반 한국교회의 대중과 정서로부터 분리라는 대가를 치러야만 했다. … 이제는 운동의 주된 동력이 교회와 교회대중이 된 것이다. 바로 여기서 진보와 보수의 만남의 가능성이 배태된다. 양자 공히 교회갱신과 사회변혁이라는 교회적 과제를 중심으로 보수적 기독교는 잘못된 신앙내용을 조정함으로써 사회적 실천에 접근해 가고, 진보적 기독교는 일반교회의 문제와 정서에 접근함으로써, 자신들의 관념적으로 급진화된 신학과 운동태도를 조정하고 있는 것이다." 80년대 기독학생운동사[1] 이종철, 158-159쪽, 복음과 상황 1992년 9월호

이때 일부 캠퍼스 기독학생들의 각성과 작은 행동이 지금껏 이어지는 복음주의 사회선교운동이라는 생명으로 탄생하게 된 것은 지금 생각해도 참 놀랍다. 1986년은 학생운동의 본산인 서울대에서 4월 김세진, 이재호, 5월 이동수 등 무려 세 명의 학생들이 분신 사망한 충격적인 해이다. 그러

나 같은 캠퍼스에서 공부하던 동료 대학생이 세 명이나 목숨을 잃었는데도, 당시 한사랑선교회와 김한식 선교사^{1997년 대선에서 바른정치연합 후보로 대통령 출마} 등이 주도가 된 상당수 기독학생들은 학생운동이 마귀의 영에 이끌린 공산폭력혁명이라며 반反 운동권적 대항운동 성격의 예수대행진을 진행하여, 학생운동권과 충돌을 빚었다.

불의한 독재 권력에 대항하는 현실의 아픔을 이해하기는커녕 마귀 짓으로 매도하는 캠퍼스선교운동에 몇몇 학생들은 절망했다. 그리고 그들과는 달리 복음에 시대정신과 현실을 담은 언론을 만들어 새로운 기독운동을 일으키자는 공감대가 형성되었고, 그렇게 만든 게 대학기독신문이다. 1986년 10월 처음으로 발간되었다. 김회권^{당시 ESF 관악지부 목자/현 숭실대학교 교목실장}, 김호열^{당시 ESF 관악지부 목자, 복음과 상황 초대 편집인 역임/현 지리산두레마을 대표}, 박영범^{전 대학촌교회 담임}, 이종철^{복청학련 간사 역임/현 빛과생명교회 담임}, 박문재^{당시 서울법대}, 최은석^{복청학련 간사 역임}, 이승재^{복음과 상황 초대편집장/N필름 대표}, 유욱^{법무법인 태평양 변호사}, 박정수^{성결대 신약학 교수} 등이 깊이 참여했고, 이들은 이후 복음주의 사회선교연합운동의 초기 주역으로 활동한다.

당시 비슷한 시대적 고민을 갖고 있던 복음주의자들이 적지 않았기에 대학기독신문은 대학가를 넘어 젊은 목회자들 및 또 다른 청년들과 자연스럽게 만나는 매체가 되었다. 공단선교를 목표로 구로희년교회를 개척하고 있던 합동신학원생 이문식 전도사^{광교산울교회 담임, 한국복음주의교회연합 대표}는 새로운 복음운동을 갈망하던 서울대 학생들과 성경공부를 함께하고 있었기에 그 역시 자연스럽게 대학기독신문의 필진이 된다. 또 이문식과 합신을 함께 다니며 남서울교회당시 홍정길 목사 담임 청년부를 담당하고 있던 강경민 전도사일산은혜교회 담임도 대학기독신문의 필자 중 하나였던 김회권 목자를 찾아가 처음 만났고 겨자씨모임 선배이던 박철수 목사당시 겨자씨형제단 대표/분당두레교회 담임 역임를 소개했다. 이어 또 다른 학생운동 지도자였던 고직한IVF 총무, 학복협 총무, YOUNG 2080 대표 역임과 한철호선교한국 상임총무 역임, 미션파트너스 대표 등도 합류하면서 대학교를 넘어 신학교, 교회 등으로 넓혀갈 수 있는 기반이 마련되었다. "우리의 우정과 연대의 시효는 아직 다하지 않았다"- 김회권 목사가 말하는 87년형 복음주의 태동기 Page: 68-78 복음과 상황 2012년, 2월 통권256호 등 참조

2. 드디어 복음주의 사회선교운동이 조직되다.

오히려 처음부터 대단한 일을 하겠다는 각오였다면 아무 것도 못했을 것이다.시 131:1 다만 '이건 아니다. 이렇게만 있을 수는 없다. 뭔가 하자'는 별스럽지 않은 작은 시도와 만남들이 하나님나라의 귀중한 역사가 되었다. 당시에도 불의한 권력과 안일한 교회현실 사이에서 갈등하지만, 그렇다고 무엇을 해야 할지도 몰라, 분노하고 자책하며 주의 뜻을 물어왔던 지역교회 청년, 대학부 및 대학의 소모임들이 있었다. 대학기독신문, 기문연, 그리고 몇몇 사람들의 의기투합은 이처럼 절망과 부채의식을 벼려오던 뜻있는 신학생, 목회자들과 청년, 대학생들이 복음주의의 이름으로 첫 조직 활동을 시작하게 만드는 불을 붙였다.

그래서 그 첫 목소리를 낸 것 역시 당시 가장 중요한 현안이었다. 그것은 71년 대통령 선거 이후 유신과 신군부 등장으로 중단되었다가 87년 민주

화운동을 통해 16년 만에 다시 빛을 보게 된 대통령 직선제 선거였다. 전두환에 이어 80년 광주와 신군부 주역인 여당 후보 노태우에 대항해 김대중, 김영삼, 김종필 등 3김씨가 모두 출마해 뜨겁게 달아오른 바로 그 선거였다. 민주화운동으로 마침내 쟁취한 직선제 선거인데다가 전국적으로 지역감정 불어 닥쳐 뜨겁게 달아올랐던 13대 대통령선거에서 여권의 선거부정을 막고 반드시 민주정부를 수립하자는 열기는 일반 사회는 물론 이제 막 시작된 복음주의 사회선교운동 진영에도 거세게 불어 닥쳤다. 지금에는 너무나 당연해 더 이상 아무런 감흥도 주지 못하지만, 군부독재 정권이 자기들 맘대로 권력을 주고받다가, 이제 내 손으로 대통령을 뽑을 수 있다는 것만으로도 더할 수 없는 감격이었다. 마침내 '공정선거감시와 민주정부수립을 위한 복음주의청년학생협의회'약칭 복협/1987년 11월-1988년 2월가 결성되었다. 이름에서 드러나듯이 복협 운동은 13대 대선의 공정선거감시를 넘어 당시 민주화운동의 주요목표인 민주정부수립에 뜻을 같이하며 적극적인 개혁의지를 밝힌 대중운동이었다. 당시 발족취지문의 발기인 및 단체 명단1987년 11월 12일을 당시 유인물 그대로 적어보면 다음과 같다.

고문: 김영한숭전대 교수, 김일수고려대 교수, 백승진충무교회 목사, 서철원개혁신학원 교수, 이만열숙명여대 교수, 홍정길남서울교회 목사

단체: 건국대 IVF, 고려대 복음써클연합회, 겨자씨모임, 기독교문화운동연합, 서문교회 대학부, 대학기독신문, 서울대 채플, 연세대 FCS, 이대 총학생회 종교부, 홍익대 IVF, 경희대 기독연합과 총신대학 신학원곽덕근, 김성윤, 김용주, 김현

진, 김재철, 박영실, 오종걸, 오형국, 이상원, 임원택, 석창훈, 홍준기, **합동신학원**강경민, 김호열, 이문식, 한화룡, **개혁신학원**장석, **KAIST**제양규, **장신대신대원**김양중, 박상진, 박문재, 안경문, 엄인영, 윤순재, 이승호, 이정권, 정홍렬, **서울신대 신대원**강교석, 곽철은, 김성원, 김성철, 박상호, 이계휘, 이성학, 이흥범, 한종호

모든 것의 처음은 늘 특별하게 다가오지만, 30년 지난 당시 문건을 지금 읽어보는 것만으로도 감격스럽다. 흥미로운 것은 당시가 복음주의의 사회선교운동이 이제 막 태어나는 순간인지라 몇몇 개인들이 신대원을 대표하며 이름을 올렸는데, 그들은 앞서 전국신학생연합회의 이름으로 전두환 대통령의 4.13호헌 선언에 대해 반대하는 '호헌철폐' 성명을 발표하는 경험을 갖기도 했다.

그러나 이렇게 많은 이들의 희생과 국민들의 열망 속에서 치러진 대선의 결과는 노태우 민정당 후보의 당선으로 허망하게 끝났다. 그럼에도 불구하고 복음주의청년학생의 이름으로 처음 치른 활동에서 엄청난 가능성을 맛본 이들은 선거 이후 상설적인 조직운동을 위해 1988년 3월에 '복음주의청년연합'복청을 결성하였다. 곳곳에 뿔뿔이 흩어져 있는 하나님나라 동역자들을 하나로 묶기 위해서 소식지 〈복음청년〉을 발간하고, 사회선교에 대한 전문적 교육 강좌 등을 모색하였다. 89년 3월 11일 처음 발간한 '복음청년' 1호를 보면, 『-발간사: '기독교적 대항문화 건설을 추구하며'박철수, -격려사: '복음주의 청년운동의 방향'이만열, -말씀강단: '예수를 주라 고백함'김세윤, -성서신학: '여호와의 전쟁과 구속사적 정치신학'이문식, -복

음주의신학의 흐름: '로잔언약과 복음주의교회의 성격'강경민, -복청평론 I
: '금강산 개발, 북방정책과 통일운동'김회권, -복청평론 II: '보수와 혁신'이덕
준, -문화시평: 'MBC 광주민중항쟁특집 〈어머니의 노래〉를 보고'조경환, -2
월의 사건일지』등으로 구성되어 있다. 지금 보아도 전혀 시대에 뒤쳐진 느
낌을 받을 수 없다.

그 와중에서 뜻밖의 사건이 터진다. 복협, 복청 운동의 학생주역들이기
도 했던 서울대 기독교문화연구회기문연 소속 학생들이 구로공단 지역 야
학 등에서 나눈 자료들을 경찰이 입수했고, 1990년 2월 치안본부현 경찰청는
이를 사회주의국가 건설을 목표로 결성한 '기독교문화노동운동연합기문노
련 사건'으로 만들어 발표하였다. 당시 박원순 변호사현 서울시장는 이를 당시
대표적인 조작된 공안사건으로 꼽으며 이렇게 썼다.

"…그러나 이들은 야학활동 농촌봉사 공장활동을 한 것은 사실이나 이
것은 '어디까지나 이념에 의거해 사회주의혁명을 달성하려고 한 것이 결
코 아니라 예수 그리스도와 억눌린 이웃에 대한 사랑에서 출발한 신앙고
백적인 선교활동'이었으며 '치안본부가 발표한 소위 '기독교문화노동운
동연합기문노련'이라는 단체는 실제로 존재하지도 않았다'는 것이 이 사건
대책위의 공식적 입장이었다. 박원순, '국가보안법 연구 2', 역사비평사, 1992, 295-296쪽

이 사건으로, 최은석, 이덕준당시 복청 간사, 박문재, 임영환, 강문대민변 사무총
장, 대통령비서실 사회조정비서관, 오동성토론토 그레이스힐 공동체 교회 담임 등 12명은 국가
보안법 위반으로 구속되고, 기문연은 해체되었다. 구속자 가족들은 서울
영동교회 등에서 몇 차례 국가보안법 폐지기도회를 열기도 했고, 그들은

몇 개월 뒤 이만열 교수 등의 탄원과 호소 끝에 집행유예로 풀려난다. 그러나 이 사건으로 막 기지개를 펴려던 사회선교운동은 내부적 논란으로 번지며 심각한 내상을 입고, 운동 자체의 동력도 크게 사라지고 만다.

이대로 허물어질 것 같았던 새로운 복음주의 사회선교운동 주역들은 단지 이념과 생각만으로 모인 게 아니었기에 온 힘 다해 기도하고, 또 격론 속에서 우애를 쌓아가며 진정한 동반자 의식을 만들어 가기 시작했다. 1990년 12월 준비위원회 결성을 거쳐, 1991년 3월 마침내 상설조직인 '사회선교를 위한 복음주의청년학생연합'복청학련을 출범시킨다. 당시 문건을 통해 복청학련의 조직을 주요방향을 살펴보면 이와 같다.

1) 목적
  – 복음주의적 신앙고백에 입각하여 활동하는 청년학생 사회선교단체 및 준단체가 연합하여 교육사업, 기도집회, 제반 사회선교 활동에서의 공동 관심사를 논의, 집행함으로써 한국 복음주의교회에서 공식성을 띤 사회선교 흐름으로 자리잡아 나간다.

2) 약사
  – 1987.11~1988. 2 : 공정선거감시를 위한 복음주의 청년학생 협의회 활동
  – 1988. 3 : 복음주의 청년연합 결성
  – 1991. 3. 30 : 사회선교를 위한 복음주의 청년학생연합 준비위원회 발족

3) 조직
  » 가입단체

- 청년분과: 경실련 기독청년협의회, 겨자씨 형제단

- 학생분과: 그리스도의 머슴들 SOUL, 기독교문화연구회

- 교회분과: 사랑의교회 청년2부 사회교육부, 할렐루야교회 대학부 조장단모임, 신현교회 청년부 샬롬공동체, 구로희년교회 청년3부, 목동제일교회 청년회

- 참관단체: 복음과 상황

» 자문위원회

- 강경민 목사 남서울교회, 김육진 목자 ESF, 김인호 총무 선교한국, 남진선 총무 IVF, 박성남 전도사 사랑의교회, 박철수 목사 두레교회

» 지도위원회

- 고직한 간사 IVF, 김회권 목자 ESF, 김윤태 간사 SFC, 김호열 목자 ESF, 이문식 목사 구로희년교회, 한철호 간사 IVF

» 준비위원회

- 고직한, 이문식, 김호열 준비위원장, 박승룡 당시 경실련 기청협 간사, 이승재, 이종철 실무간사, 최은석, 김기현 당시 외대 기독사상연구회/현 로고스서원 대표

4) 활동

- 준비위원회 모임의 상설화

- 가입단체의 지속적 확대

- 사회선교학교 개설

- 사회선교 교육용 교재 편찬

- 5.18 기도회 예정

87년 첫 조직인 복협에 비교해 보아도 자생적 청년학생조직들, 주요 복음주의교회들의 대학부 및 청년부와 담당자, 주요선교단체와 간사들이 한데 어우러진 훨씬 탄탄한 모습이 느껴진다. 당시 복청학련 소개문건을 보면, 이들은 복청학련의 조직적 기초를 이렇게 정의하고 있다.

"복청학련은 80년대 이래 주로 형성된 복음주의적 사회선교동아리들로 구성하는 '단체연합'이다. … 이 동아리들은 교회청년부, 대학부 내의 소모임이나 집행부서선교부, 문화부, 사회부 등의 형태나 학생선교단체 내의 소모임이나 집행부서, 독립된 학생선교단체나 초교파, 초단체적 청년학생단체의 형태로 존재하고 있다. 이러한 동아리들은 성경공부와 사회현실에 대한 성경적 접근을 시도하고, 가난한 이웃에 대한 선교활동탁아소, 공부방, 야학, 민중교회에 동참, 지원하며, 정치적 문제에 대해서 연구, 토론, 양심적 참여를 부분적으로 이루어가고 있다는 공통점을 가지고 있다."

복청학련은 사업계획으로 민족문제, 민중문제 등 시국전반에 관한 내용의 시국연합기도회, 복음주의적 사회선교를 뒷받침하는 주제별 또는 귀납식 성경교재를 집필하고, 편찬하겠다고 밝혔다. 첫 번째 과제에 대해서, 실제로 그해 4월 19일름, 사랑의교회 교육관에서 4.19의거 기념강연회 및 기도회말씀: 이문식 목사가 있었다. 그런데 곧 이어 4월 28일 명지대 강경대 학생이 시위도중 경찰이 휘두른 쇠파이프를 맞고 숨지는 사고가 일어났다. 이에 대해 5월 2-3일 IVF에서 '현 시국에 대한 우리의 제안'을 발표하려 했지만 대표자협의회, 간사회의에서 이를 부결시켰다. 곧 이은 5월 6일, 강경대 군 사망을 항의하는 복청학련 주최 시국연합기도회에 IVF 고직한 간사가 참석해 강연한 것을 항명이라 여긴 IVF 중앙이사회에서 고 간사를 지위해제하기로 결정했고, 이것이 더욱 비화되어 결국 6개 대학광운대, 건국대, 경희대, 고려대, 서울대, 이화여대이 92년 논란 끝에 IVF를 탈퇴하여 이후 한국기독청년학생연합회약칭 한기연을 창립하기에 이른다.

두 번째 과제는 여전히 생소한 사회선교의 다양한 내용을 교육과정으로 만들어 내는 것으로 나타났다. 바로 사회선교학교다. 1기는 성경신학적 근거를 찾으려는 내용이다. 1991년 8월 9일부터 10월 11일까지 매주 금요일 저녁, 사랑의교회 소망관에서 진행되었다. -고대제국과 족장사창세기: 김호열, -출애굽해방과 구원출애굽기: 김회권, -희년 이스라엘과 평등공동체레위기: 박철수, -여호와의 전쟁과 억압체제여호수아, 사무엘하: 한철호, -바알주의와 이스라엘 군주체제의 몰락왕상~왕하: 임태수, -아모스서 연구: 이성구, -예수와 유대주의: 김세윤, -예수와 정치: 김세윤, -초대교회와 바울의 정교분리문제: 이문식, -하나님나라의 현재성과 제자도: 박영범. 지금보아도 당시 그들이 내놓을 수 있는 복음주의 최고의 강사들을 모두 동원한 인상이다.

당시 나도 겨자씨모임 일원으로 복청학련에 참여하여 선배들과 실무활동을 논의하고, 사회선교학교 내용을 구성하였다. 또 교회 후배들 10여명을 모아 1기 사회선교 기초반을 함께 듣고, 그 내용을 나름대로 다시 소화하여 교회에서 학습했다. 사회선교학교 중급반은 1992년 상반기에 교회사 속에서 사회선교운동을 살펴보는 과정으로 진행되었다. 92년 4월 17일자로 복청학련이 펴낸 '복음청년회보'에 실린 14대 총선3. 24시기 활동을 살펴보자.

- 공선기위청년분과 연대활동
  - 3.12 공선기위 청년분과와 연대하여 홍보단 발대식 은혜교회, 100여명 참가
  - 3.19 선거에 참여하는 기독청년학생대회 개최: 선거일반에 관한 토론 신대균, 고성국, 사랑의 교회, 150여명 참가
- 성명서 발표
  - 3.19 김영삼 장로 조찬기도회 반대 성명서 발표
  - 3.20 한청협, EYC 등과 함께 공명선거와 투표참여를 촉구하는 청년지도자 324인 공동선언 발표
  - 3.23 군부재자투표부정 규탄 성명서 발표
- 교회, 사회 홍보
  - 3.15 각 지구별 1차 교회홍보
  - 3.21 관악을구 유세장 공명선거캠페인
  - 3.22 각 지구별 2차 교회홍보, 한국교회에 드리는 글 2만장 배포, 조찬기도회 관련 충현교회 집중홍보

나도 이 시기, 김영삼 장로를 지지하는 기도회를 반대하는 전단을 만들어 겨자씨모임 후배들과 충현교회에서 배포하다가 연행되어 대통령선거법 위반으로 벌금형을 선고받았다. 그러나 이렇게 의욕적으로 시작해서, 적지 않은 활동성과를 냈던 복청학련은 1992년 이후 갑작스레 활동을 종

료하게 된다. 이는 복음주의 사회선교운동을 좀 더 긴 호흡을 가지고 교회 속에 정착시키고자 했던 목회자, 시니어 그룹과 기문노련 사건 이후 시국 상황에 맞춰 좀 더 과감하고 실천적인 활동을 원했던 젊은 실무자들이 지속적인 갈등을 빚어, 후자들이 갑작스럽게 활동을 종료하게 된 것이다. 이렇게 갑작스러운 복청학련 종료 이후 상시적인 복음주의 사회선교연합운동은 2000년대 성서한국운동으로 뒤를 이을 때까지 활동을 멈추고, 개별 단체운동으로 대체 된다.

그러나 복청학련 운동은 수도권만의 활동이 아니었다. 오히려 영호남 등 각 지역에서도 자생적으로 모여 활동을 전개해 온 젊은 목회자, 청년, 학생들이 복청학련 이후에도 해당 지역에서 지속적인 복음주의 사회선교 운동을 펼쳐 나갔다. 그들은 2000년대 성서한국운동의 태동과 함께 다시 만나게 된다. 한번 쏟아져 샘을 만든 물줄기들은 가뭄을 당하여 눈에 보이지 않을지라도 땅속 지하수로 살아남아 더욱 맑고, 생생한 기운을 간직하게 된다. 당시 복청학련 통일위원장으로 전국 기독학생 연합 기도회 및 비폭력 평화 행진을 추진했던 박창수주거권기독연대 공동대표, 성토모 간사, 한미FTA기독교 공동대책위원회 사무국장 역임는 당시 모습을 이렇게 기록으로 전해왔다.

〈전국 기독학생 연합 기도회 및 비폭력 평화 행진〉

- 목적: 교회일치, 동서화해, 평화군축, 민족통일, 북한교회 재건.

- 일시: 1992년 8월 13-15일

- 주최: 사회선교를위한복음청년학생연합, 광주지역기독학생총연합회, 대구지역

기독학생총연합회, 전북지역기독학생총연합회, 고신대 총학생회

- 배경: 1989년 광주에서 광주지역 기독학생 총연합회^{약칭 광기총련} 준비위가 주최한 〈김진홍 목사 초청 "새벽을 깨우리로다" 집회〉에 대구지역 기독학생 총연합회^{약칭 대기총련} 지체들 참석, 축하 및 특송 ^{팔복: 심령이 가난한 자는} 1980년대말과 1990년대초, 영호남 지역감정 해소를 위한 기독학생들의 자발적 노력. 광기총련은 각 지역교회 대학부와 각 선교단체와 각 대학 기독학생연합의 3중 연합. 대기총련은 각 대학 기연간의 연합.

- 진행

8월 13일: 지역별 집회

8월 14일: 영호남 기독학생 약 400명, 낮에 무주 나제통문에서 동서화합을 위한 집회, 상경하여 저녁에 남서울 교회에서 서울 지역 기독학생들과 함께 전체 집회 ^{강의1: 원경선 선생, '하나님 나라와 평화', 강의2: 음동성 목사, '하나님 나라와 통일', 영상물 시청: '평화군축' 빛 연구소 제작}, 밤에 서울 영동 교회 예배당으로 이동하여 의자에서 형제들 일박, 자매들은 감리교 여선교회 회장 주선으로 다른 장소에서 일박

8월 15일: 동대문 감리 교회에서 광복절 기념 예배^{설교: 김회권 간사}, 직후 탑골 공원으로 평화 침묵 시위

- 의의: 복음주의 기독학생들의 전국 단위 연합 노력. KNCC 및 KSCF와도 접촉. 대선을 앞두고 고조될 지역감정의 해소를 위한 구체적 실천 운동, '교회 연합을 위한 노력 없이 민족 통일을 이야기할 수 없다'는 차원에서 교회 일치와 민족 통일을 함께 추구, 평화 군축을 민족 통일의 중심 과제로 제기, '국가 보안법 철폐, 양심수 석방' 등을 평화 침묵시위로 피케팅화하여 비폭력 평화 행진, 전경 에스

코트 하에 연도의 시민들 박수.

또 그 당시 지역 사회선교운동을 기억하는 노민호 광주새삶교회도 그때를 이렇게 평가한다. "광주지역기독학생총연합회 약칭 광기총연은 1989년 광주 지역 주요 14개 교회 대학부와 5개 선교단체, 각 대학 기독학생협의회가 연합체를 구성하여 출범하였다. 초대간사인 나현수 목사와 연합회장인 서 환이 많은 수고를 감당했으며 이후 지속적으로 기독청년학교를 개설하여 청년들의 하나님 나라 이해와 사회참여를 독려하였다. 대구지역 기독학생 들과도 꾸준히 교류하며 동서간의 화합과 일치를 도모하였다. 안타깝게 도 폭력진압에 항의하는 촛불집회를 주도한 이후 보수적 단체들이 대거 이탈하는 고충을 겪었다."

탁월한 어느 한 사람이 맘대로 만들어내지도, 또 어느 누가 멋대로 없애 지도 못하는 하나님나라운동의 도도한 흐름을 우리는 기억해야 한다.

3. 기독교세계관운동과 청년학생 조직들의 사회선교활동

기문연, 대학기독신문, 복협, 복청, 복청학련으로 이어지던 복음주의 사 회선교 연합운동은 불일 듯 일어나서, 또 너무 갑작스레 사라졌다. 그러나 앞서 살폈듯이 눈에 보이든 그렇지 않든, 사회선교연합운동이라는 강을 드러내기까지는 이곳, 저곳에서 샘솟아 흘러오던 많은 실개천들이 있었 다. 그 많은 실개천들은 복청학련 이후에도 같은 모습으로, 또는 형태를 달 리하여 살아남아 오늘 다양하게 만개한 사회선교운동체들의 모태가 되어

주었다. 그들 중 몇몇을 기억해 보자.

● 기독교세계관운동

기독교세계관운동은 어느 한 단체나 개인만으로 대표될 수 없는 당시의 큰 흐름이었다. 복음주의 청년, 학생, 젊은 신학생, 목회자들의 고민과 문제의식이 아무리 컸다고 해도 그들의 의식과 사고를 훈련하고, 형성해 준 기독교세계관운동이 없었다면, 그들은 여전히 '교회 밖은 버림받은 세상'이라는 이원론이 지배하던 보수교회를 배회하며 혼란만 겪다가 포기했을 가능성이 크다.

기독교 세계관은 네덜란드 아브라함 카이퍼와 개혁주의자들로부터 시작되었다가 이민자들과 함께 다시 미국에 전해지면서 세계로 확대된 운동이다. 이들은 본래 선하게 창조된 세계가 인간의 타락 후 모든 영역이 깨어졌지만, 타락했기에 그냥 내 버리는 게 아니라 세상 모든 영역을 다시 하나님의 주권 아래서 변혁시켜 나가는 적극적인 운동을 주장하였다. 우리나라에는 네덜란드 자유대학을 졸업한 손봉호 교수를 통해 소개되었고, 제자그룹들을 통해 확산되고, 기윤실 운동 등을 통해 구체화되었다.

그러나 이 운동이 개인들의 학습을 넘어 80-90년대 복음주의 대중들에게 큰 흐름이 될 수 있었던 것은 두 가지 뒷받침이 있었기 때문이다. 우선, 대학원생, 젊은 교수들 중심으로 기독교세계관을 보다 학문적으로 연구하고 각 영역에서 구체화시키기 위한 기관들이 설립되었다. 기독교학문연구회1984년나 기독교대학설립동역회1984년 등을 들 수 있고, 넓게 보면 한동대학교, 창조과학회도 그러한 활동의 일환으로 볼 수 있다. 그 후 양승훈 교수가 세운 벤쿠버기독교세계관대학원1998년의 성격도 이 범주에 넣을 수 있다.

이들의 활동이 대학원생, 연구원, 교수 중심의 엘리트 성격을 가졌다면, 복음주의 대중들을 빠르게 흡입하여 성장시킨 힘은 역시 출판문화운동이다. 특히 IVP의 출판물은 거의 독보적이었고, 두란노, 크리스챤다이제스트, 홍성사, 대장간 등을 통해서도 꾸준히 소개되었다. 존 스토트, 로널드 사이더, 제임스 사이어, 헤르만 도예베르트 등 영미계통의 로잔운동 주역들 및 화란개혁주의자의 책들을 번역해 소개했으며, 손봉호, 강영안, 황영철, 송인규, 양승훈, 신국원, 이승구, 김진홍, 박철수 같은 국내저자들의 저서들도 잇따라 쏟아져 대학생선교단체 동아리 모임들과 교회 청년, 대학부를 통해 큰 영향을 주었다.

물론 기독교세계관운동이 곧 바로 복음주의 사회선교운동로 연결되는 것은 아니다. 이러한 문제의식을 바탕으로 이 운동이 10여년쯤 흐른 뒤인 2000년대 초, 운동의 관념성을 비판하고 보다 실천적인 참여를 도전하는 '기독교세계관논쟁'기세논쟁이 주로 복음과 상황 등을 뜨겁게 이어졌다. 양희송, 김기현, 정정훈, 이원석, 송인규, 이승구, 최태연, 양승훈, 강영안, 김용주, 박총 등 당시의 논객들이 총출동하여 뜨거운 논쟁을 벌였다. 예수천당-불신지옥 식의 이원론을 벗어나 현실세계와 일상의 삶에서 하나님의 뜻을 적극적으로 펼칠 것을 도전하였던 기독교세계관운동은 우리나라에서 사회선교운동을 뒷받침하는 든든한 신앙적, 사상적 토대가 된 것은 분명하다.

1980년대 학생운동은 사회주의 이념서적들과 리영희, 송건호, 백낙청, 함석헌 같은 이들의 탁월한 사상가들을 통해 실천력을 확보한 이념써클들이 있었기에 가능했다. 이처럼 생각하는 힘은 대단한 것이다. 더구나 하나님의 말씀 안에서 깨우친 사고의 힘은 더욱 대단한 것이다. 당시 복음주의 사회선교운동도 기독교세계관운동을 통해 새롭게 배운 하나님나라, 총체적 복음, 로잔언약 등의 개념과 손봉호^{서울대 교수, 기윤실 대표 역임}, 이만열^{숙명여대 교수, 국사편찬위원장 역임}, 박철수, 이문식, 김회권 같은 탁월한 교사들이 있었기에 가능했다고 할 수 있다. 특히 이만열 교수는 아주 보수적인 예장 고신 교단 장로이지만, 좌우를 넘나들며 원칙을 지키는 진정한 보수의 꼿꼿함을 보여주는 원로다. 그는 한국사와 한국현대기독교 역사연구에 큰 족적을 남겼지만, 강단학자가 아닌 80세가 넘은 지금까지 실천과 활동에 앞장서 있다. 1980년에는 정권을 장악한 신군부에 반대하는 교수서명운동을 주도했다는 이름으로 해직을 당하였으나 이후 보다 본격적인 활동에 참여한다. 교회협^{KNCC} 중심의 통일운동에 적극 참여하였고, 남북나눔운동과 한반도평화연구원, 복음과 상황 창립과 운영에 깊이 참여한 것을 비롯해 성서한국운동, 교회개혁운동, 각종 시국사안에 이르기까지 여전히 왕성한 관심과 참여를 아끼지 않는다.

● 한국기독대학인회^{ESF/http://www.esf21.com}

ESF는 1976년 매우 보수적인 대학생성경읽기선교회^{UBF}로부터 분리되어 나온 대학생선교단체다. ESF가 사회선교운동을 넘어 복음주의운동 전반에 적지 않은 영향을 미칠 수 있었던 데에는 이승장 목사예수마을 함께하는교회 담임, 학원복음화협의회 상임대표 역임의 역할이 컸다. 그는 영국에서 목회하던 당시 이미 로잔운동, 존 스토트와 영국 복음주의를 폭넓게 접하였기에 귀국후 서울대, 연세대, 이화여대를 담당하며 학생들에게 기독교세계관에 입각한 사회변혁을 도전하였고, 그는 일찍부터 성서한국의 비전을 부르짖었다.

그렇기에 당시 그가 지도하고 있던 서대문과 관악 지부는 성경읽기에 대한 근본적인 열심과 더불어 개방된 마음을 배울 수 있었다. 이를 바탕으로 박득훈 목사교회개혁실천연대 공동대표, 김호열 목사, 김회권 목사 같은 탁월한 실천운동가와 성경교사들을 많이 배출할 수 있었고, 이들은 ESF를 넘어 지금까지 복음주의 사회선교운동과 하나님 나라의 지성사에 큰 영향력을 주고 있다.

● 한국기독학생회IVF/www.ivf.or.kr

ESF가 한국복음주의운동과 세계관운동을 지도할 탁월한 학자와 교사들을 많이 길러 냈다고 하면, IVF는 대학과 직장, 목회 현장 등에서 그 운동을 살아내는 운동가들을 많이 배출해 냈다. 특히 IVF는 78년 IVP라는 산하 출판부를 따로 두고 있는데, 이를 통해 로잔운동과 대중적인 기독교세계관의 기초서적들을 쏟아내며, 이론과 실천이 통합되는 기반이 마련되었다.

IVP를 통해 새로운 세계관을 학습한 학생들은 자발적으로 더욱 구체적인 실천운동을 모색하였고, 당시 학생운동권들이 그러했듯이 공활, 농활 및 야학 같은 실천에도 참여하는 학생들도 늘어났다. 이러한 변화는 IVF 내에서 긴장과 논란을 일으켰고, 복청학련 시국기도회로 촉발된 6개 대학 분립사태에서 보듯이 분열의 아픔을 겪는 배경이 되기도 한다. 6개 대학이 갈라져 나가는 아픔을 겪지만, IVF 내에 한번 타오른 사회선교에 대한 학생, 간사들의 열망과 기대는 계속 이어졌다. 그러한 현장과 사회참여에 대한 갈망 속에서 IVF는 2001년부터 사회부를 따로 두어 선교단체 전체가 감당할 수 없는 실천영역을 전담하게 했고_{초대간사 박찬주}, 농활 및 각 현장활동 등에 참여하고 있다. IVF는 송인규_{IVF 총무, 합동신학대학원대학교 교수 역임}, 고직한, 한철호, 김병년 등 복음주의운동 전반의 많은 지도자들을 배출하고 있다.

● 학생신앙운동_{SFC/www.sfc.or.kr}

사회선교운동을 하는 사람들 사이에서 SFC는 참 이해하기 힘든 조직이다. SFC의 모태인 대한예수교장로회 고신을 보면 신학적으로나, 사회적으로 매우 보수적인 교단인데, 고신 교단의 학생선교단체인 SFC는 학생신앙'운동'이라는 이름처럼 지금까지도 교단의 울타리를 넘어 적극적이고, 활기찬 헌신을 보여주었다.

나 역시 활동의 중요한 시점마다 SFC로부터 받은 도움을 말할 수 없을 정도다. 경실련 기청협 간사 시절인 1994년 지방선거 당시 공선기위 실무

간사를 맡았는데, 그때 SFC 주요간사 및 청년들, 몇몇 고신 교회들의 헌신과 협력이 없었다면 전국적 조직과 활동은 꿈 꿀 수도 없었을 것이다. 그때의 경험과 인맥이 이후 20여년의 사회선교활동에 큰 자산이 되어주었음에 다시 감사한다. 이처럼 복음주의 사회선교운동에서 SFC는 중요한 현안들마다에서 실제적인 손과 발로 헌신해 주었고, 그 가운데서도 공선기위, 교단 총회 활동, 기윤실운동에서는 지금까지도 가장 믿을만한 모습을 보여주고 있다.

물론 그것은 복음주의 사회선교운동의 큰 어른인 손봉호, 이만열 장로 등 이 교단과 교회 문턱을 넘어 보여준 탁월한 모범의 덕이 클 것이며, 그 뒤를 이어 최갑주 간사 등이 꾸준히 헌신해 왔다.

● 겨자씨 형제단^{겨자씨모임}

이제 겨자씨 형제단에 대해서는 아는 사람보다 처음 듣는 이들이 더 많을 것이다. 앞서의 모임과 활동들이 국제복음주의운동의 토양 속에서 배우고 자란 것이라면, 겨자씨 형제단은 뜻을 함께 나눈 신앙선후배들이 세계관학습과 실천을 모색한 토종 하나님나라운동단체이다.

1966년 갓 스물 넘은 광주 출신 청년 박철수가 몇몇 동지들과 함께 '바른 교회, 바른 생활, 바른 신앙'을 확립하기 위해 첫 모임을 시작했는데, 70년대 초에는 벌써 서울, 광주, 대구 등으로 확장되었고, 68년에는 '에델바이스'라는 자체 정기소식지를 만들어 배포한다. 선교단체들 중심의 기독교세계관운동과 사회선교적 실천이 1980년대 이후부터 본격화된 것과 비교해 봐도, 이들은 최소한 10여년 이른 1970년대부터 매주 모임을 통해 칼빈, 아브라함 카이퍼, 프란시스 쉐퍼, 본 회퍼 등의 책을 함께 탐독하며 동지애에 바탕한 신앙적 실천을 모색해 나갔다. 76년 이들이 제정한 '겨자씨 헌장'을 보면 그 지향성이 분명히 드러난다.

> 전능하사 천지를 만드신 하나님을 우리는 믿는다. 또한 세계의 역사는 그 분이 통치하심을 믿는다. 현실은 우리에게 각 방면에서 간과하지 못할 심대한 부조리를 보여준다. 여기에 우리는 하나님이 통치자로서 그분의 일군임을 자각한다. … 세상의 어떠한 반대에도 하나님의 계명은 가정과 학교와 국가에 건설되어야 한다.…이러한 사명의 효율적인 수행은 그리스도를 따르는 신실한 인격을 통하여 사회의 여러 방면에서 구체적으로 이루어져야 한다.… 비록 좌절을 안고서도 최후의 승리를 확신하면서 하나님의 무한한 영광을 위하여 기도하면서 싸울 것이다. …

70년대는 일부 진보기독교운동을 제외하면 당시 정세와 관련된 활동을 시도하지 못하였다. 그러나 이들은 당시 태동기에 있던 일부 복음주의 강사들을 통해 시대와 신앙의 새로운 감각을 익혔다. 자체 수련회에 신성종충현교회 담임 역임, 손봉호, 민경배연세대 명예교수, 곽선희소망교회 담임 역임, 옥한흠사랑의교회 담임 역임, 홍정길남북나눔운동 대표, 남서울은혜교회 담임 역임, 김영한숭실대 교수, 기독교학술원장 역임, 이만열, 한완상서울대 교수,통일부 장관 역임 등을 초청해 신앙과 세계관적 훈련을 결합하려 했다.

그러나 앞서 살펴본 대로 80년대 중반부터 복음주의 영역 곳곳에서 신앙적 실천을 모색하는 움직임들이 일어나면서 겨자씨모임도 시국상황에 더 밀착된 실천을 모색하며, 대중적인 강연활동을 시도하는데 그것이 1986년부터 시작된 아모스 스쿨이다. 1987년 2월에는 유신시대 민주화운동으로 옥고를 치르고, 당시 화성 남양만에서 공동체운동을 이끌고 있던 김진홍 목사를 초청해 제2회 아모스 스쿨주제: 민족, 교회, 나을 남서울교회에서 개최한다. 박종철 고문치사 사건이 일어난 지 며칠 지나지 않아 유신시대와 버금가던 공안 분위기에서 복음과 말씀으로 시대와 역사를 깨우자는 김진홍 목사의 간증과 설교는 폭발적인 반향을 일으켰고, 김 목사는 이후 수많은 복음주의 집회의 주강사로 정착하게 된다. 당시 나도 아모스 스쿨의 김진홍 목사 설교를 듣고 겨자씨에 참여하게 되었고, '하나님나라적 회심'을 경험하여 지금까지 활동하게 되었다.

대표 박철수와 겨자씨모임은 1990년대 초 시작된 복음주의사회선교운동에 적극 참여하여 활동하였으나, 변화된 시대상황의 비전 부족과 창립자 박철수 목사를 뒤 이을 리더쉽의 부족, 게다가 교회를 개척해 힘이 분산되면서 90년대 중반 이후 서서히 동력이 떨어져 자연스레 자취를 감추게 된다. 그러나 박철수 목사는 그 후에도 축복의 혁명, 성경의 제사, 돈과 신앙, 종말이 오고 있다 등을 비롯해 최근에도 하나님나라, 두 개의 십자가 등의 저술로 한국교회에 예언자적 메시지를 계속 전해오고 있다. 그런 면에서 한국복음주의 사회선교운동에서 자생적 뿌리를 갖고 세계관운동에 참여한 겨자씨 형제단을 이 기회를 통해 소개하는 것은 의미 있다 하겠다.

박철수, 강경민, 조희연^{전 성공회대 교수, 현 서울시교육감}, 민종기^{충현선교교회 담임}, 구
교형 등이 겨자씨모임 출신이다.

● 월간 '복음과 상황' ^{www.goscon.co.kr/약칭 복상}

91년 복청학련과 함께 당분간 사회선교 연합운동은 시야에서 사라졌지
만, 그들이 낳은 직접적인 옥동자는 당연히 복음과 상황이다. 복음과 상황
은 1991년 1/2월호를 시작으로 지금껏 복음주의 사회선교운동의 산증인
이요, 교과서가 되어왔다. 당시 복협, 복청, 복청학련으로 이어온 복음주
의 사회선교운동 주역들은 현장 실천적 조직 활동과 동시에 기독청년학
생 대중을 교육하고 훈련할 매개체로서 잡지의 필요성을 절감했고, 그래
서 처음 조직운동을 주도했던 활동가들은 동시에 복상을 만드는 역할도
겸했다.^{발행인-이만열, 김진홍, 편집인-박철수, 편집위원장-이문식, 편집장-이승재} 초창기 복상
은 여러 회에 걸쳐 사회선교운동의 원류라 할 만한 국제복음주의운동 선
언물들과 사회선교적 성경공부 내용을 실어 실천적 학습 자료에 목말라했
던 청년학생들을 자극했다. 그 시절 이러한 문제의식에 대한 기독대중들
의 목마름과 공감이 얼마나 컸던지 창간호 5,000부가 모두 매진되어 다시
2,000부를 추가제작하기도 했다.

하나님나라와 총체적 복음, 사회선교에 대해 새롭게 눈을 뜨게 된 대중
들은 복음과 상황을 통해 시대적 상황을 더욱 이해할 수 있었고, 지속적인
학습교재로 채택하는 교회들도 적지 않았다. 복상은 단지 시대상황을 소
개하고 알리는 매체를 넘어 교회개혁과 사회변혁의 현장운동을 매개하고,

타성에 젖어 굳어 있는 신앙인들을 일으켜 세우는 역할로 감당해 왔다. 그러나 90년대 이후 시대상황이 변하여 복상의 확장성에는 한계가 있었고, 심각한 경영난과 폐간의 위기를 거치며 2005년 1월부터 2008년 12월까지는 후발언론인 뉴스앤조이에 인수되어 명맥을 힘겹게 이어가기도 했다. 그럼에도 복상은 다시 재기하여 30년 가까운 세월동안 지금도 기독교사상과 더불어 기독교계의 대표적인 사회선교사상 잡지로 자리 잡고 있다. 복음으로 상황을 분석하여 실천하고, 상황을 바탕으로 복음을 다시 깨닫게 하는 복음과 상황이야말로 30년 복음주의 사회선교운동을 가장 가까이에서 증언해 준 산 증인이라 할 것이다.

제3장

90년대 복음주의
시민사회운동단체의 창립

제3장
90년대 복음주의 시민사회운동단체의 창립

1987년 6월 민주화운동은 한국사회를 크게 바꿨고 그 열기는 12월 대통령선거로 이어졌다. 그러나 신군부 실세 노태우와 대항할 야권은 김대중, 김영삼, 김종필 세 정치인의 독자출마로 분열되어 군부독재 종식과 정권교체에는 실패로 끝나고 민주화를 열망하던 많은 국민은 깊은 충격과 절망에 빠졌다. 또한 1985년 고르바초프 집권 후 소련이 체제 변화를 시도하면서 1990년을 전후하여 사회주의권 국가들이 속속 무너지기 시작한다. 이는 자본주의를 넘어선 대안을 사회주의에서 찾아오던 많은 국내 운동세력에게도 큰 충격을 주며, 사회운동을 빠르게 쇠퇴로 이끌었다. 더구나 노태우 정부를 뒤이어 1993년 출범한 김영삼 정부는 비록 독재세력들과 타협하여 집권했다는 한계는 있었지만, 30년 만에 다시 민간정부가 탄생했다는 점과 군 인사 개혁, 전두환, 노태우 구속, 금융실명제 실시 등 초기에 놀라운 성과들을 이뤄내며 더 이상 사회운동도 필요 없어진 것 같은 상황을 빚기도 했다.

이러한 영향으로 이제 체제와 정권을 바꾸는 변혁운동보다는 국민의 실제적 필요를 대중적이고, 합법적으로 개선하겠다는 목표로 다양한 시민사회운동단체들이 잇따라 창립되었다. 비슷한 시기에 세상과 사회에 새롭게 눈을 뜬 복음주의운동 진영도 이 추세에 부응하여 1세대 시민사회운동단체들이 출범된다.

● **희년함께** www.landliberty.org/ 옛 헨리조지협회

요즘 와서는 토지와 주택문제가 한국경제를 좌우하는 가장 중요한 과제 중 하나임을 누구나 공감한다. 그러나 그러한 공감대는 하루아침에 생겨난 게 아니라 누가 듣던 안 듣던 구약 희년사상을 중심으로 토지공개념과 경제정의를 줄기차게 외쳐왔던 사람들이 있었기에 가능한 것이다. 성공회 신부로 1965년 강원도 태백에 예수원을 설립한 대천덕벤 토레이 신부는 일찍부터 미국의 경제학자 헨리조지의 경제사상으로 경제정의를 실현하는 것이 하나님나라 운동이라 믿고, 가르쳤다.

대천덕 신부와 소수의 기도 동역자들은 이를 하나님의 명령으로 믿고 우리나라를 희년의 가치로 다시 세우려는 부르심에 응답하여 1984년 지금의 '희년함께'의 전신인 '한국헨리조지협회'를 창립하였다. 당시는 서울 강남권 개발이 본격화되고, 또 아시안게임과 올림픽을 앞두고 정부가 도시정비를 서두르면서 수도권 일대는 대대적인 강제철거와 재개발이 진행되고, 분당, 일산 등 중산층 신도시가 개발되면서, 도시서민과 무주택자들이 잇따라 자살하는 등 절망과 분노로 사회적 위기가 극에 달했다. 오죽하면 노태우 정부조차 헌법 122조에 보장되어 있는 토지공개념의 일부 받아들여 1989년 '토지공개념 3법'이라 불리는 토지초과이득세, 개발이익환수

제, 택지소유 상한제를 만들 정도였다.

이러한 당시 분위기와 맞물려 복음주의교회와 단체들을 중심으로 헨리조지, 대천덕의 책과 강연이 널리 확산되었다. 뒤에 살펴보겠지만, 이처럼 부동산으로 인한 서민의 고통이 정점에 달했을 때 창립한 경실련도 상당 기간 이 문제에 집중할 정도로 문제 해결을 향한 사회적 열망이 컸다. 그해 헨리조지협회 강연회의 한 풍경을 살펴보자.

〈'토지와 자유' 강연회〉

 - 주제: '전 국토에 희년을 선포하라'
 - 일시: 1989년 9월 21일
 - 장소: 남서울 교회
 - 강사: 대천덕 신부, 김진홍 목사
 - 주최: 한국헨리조지협회

이 자리에 복음주의 기독 청년학생 1,500명이 참석하여, 토지 투기에 의한 불의에 대한 성경적 대안을 갈구하였는데, 지금 같으면 생각도 하기도 힘든 뜨거운 열기다.

헨리조지협회는 1996년 '성경적 토지정의를 위한 모임'으로, 2010년에는 좀 더 전문적인 운동을 모색하면서 다시 '희년함께'로 개칭하여 오늘에 이르고 있다. 최근 몇 년 사이 부동산 문제가 경제양극화의 주범으로 인식되면서, 정치권에서도 토지공개념이 널리 주목을 받고 있는데, 거기에는 가랑비에 옷 젖듯이 토지공개념을 부르짖은 이들의 줄기찬 노력에 힘입은 바 크다. 고왕인^{한국 사랑의집짓기운동연합회 사무총장 역임}, 이풍^{현대경제사회연구원장}, 전강수^{대구가톨릭대학교 경제통상학부 교수} 등 학자들과 박창수, 남기업, 최영우^{도움과 나눔 대표}, 이태경, 김덕영 등 운동가들을 많이 배출하고 있다. 형태와 내용은 조금씩 다르지만, 희년사회를 꿈꾸는 사람들, 토지정의시민연대, 주거권기독연대 등도 모두 대천덕 신부와 헨리조지협회를 모태로 하여 이어온 가족들이다.

● 기독교윤리실천운동 http://www.cemk.org/기윤실

1987년에는 우리나라에서 가장 오래되고 대표적인 기독교시민운동단체인 '기독교윤리실천운동'이 창립되었다. 박종철과 이한열의 죽음 등 폭압적 독재정권의 서슬을 뚫고 일어난 6월 민주화항쟁이 6.29선언으로 이어졌고, 그해 연말 대통령선거로 마무리된 폭풍 같던 1987년 12월, 손봉호 교수를 비롯해 강영안^{계명대}, 김인수^{서울대}, 김정욱^{서울대}, 원호택^{서울대}, 양승훈^{경북대}, 이만열^{숙대} 등 교수들과 이세중^{서울변호사회장}, 장기려^{청십자병원장} 등이 창립발기인이 되어 기윤실이 창립되었다.

가슴 뜨거운 젊은이들이 많던 당시 대학 캠퍼스에서 불의에 저항하다가 희생되어 가는 학생들을 보며 분노했지만, 동시에 폭력을 폭력으로 대항하는 것 같은 운동방식에 공감할 수 없던 다수 기독교인들의 눈높이에 맞는 윤리적 생활실천운동으로 사회를 바꾸겠다는 것이다. 따라서 이들은 처음부터 정권교체 같은 거대담론보다는 자기가 살아가는 일상에서부

터 정직, 청렴, 부정고발 등의 실천을 통해 사회, 국가, 교회를 바꾸겠다고 했고, 이러한 기독교윤리는 보수적 기독인 대중의 정서와 눈높이에 잘 맞는 것이라 보수교회들을 중심으로 급속도로 확산되었다. 이진오는 '87년 이후 기독교시민운동의 흐름과 제안'라는 글에서 기윤실 운동이 처음부터 평신도 중심, 중앙집권적 운동가 중심이 아닌 회원중심, 기독교인의 구체적 윤리실천 중심의 운동을 채택했고, 그것이 기독교대중의 마음을 움직여 폭발적인 성장을 일으킨 것으로 본다.

그동안 기윤실이 진행해 온 중요한 활동들을 시기마다 추려본다면, 1990년, 한국기독교인의 정치의식과 민주화 강연1992년 2월, 1995년 2월, 1995년 6월, 담임목사세습반대와 한국교회갱신을 위한 기도회2000년 9월, 스포츠신문 정책 토론회2002년 및 스포츠신문 바로잡기캠페인2003년, 도박산업규제 기자회견2004년, 교회의 사회적 책임 컨퍼런스2009년, 목회자리더십포럼 및 목회자성윤리포럼2010년, 한기총해체 촉구 기자회견2011년, 세습반대운동 대중좌담회2013년, 세월호참사연속포럼2014년, 한국교회부교역자심포지엄 2015년, 명성교회 세습반대 1인 시위2017년 등이다.

기윤실은 개인적인 기독교윤리의 실천 활동에서부터 출발했지만, 주요한 공동과제들이 있을 때마다 여러 시민단체들과 연합, 연대하는 운동에도 소홀하지 않았다. 우선 1987년 13대 대선 때 공명선거감시단 활동이 경험이 되어 1991년 여러 시민단체들과 함께 공명선거실천시민운동협의회약칭 공선협를 발족하였다. 공선협은 이 후 선거마다 선거부정감시활동, 관건선거 개입폭로, 군 부재자투표부정 기자회견 등을 이끌며 공명선거활동을 대중화시켰다. 그러나 2000년대 들어 특정 후보나 정당에 더 분명한 목소리를 내기 원하는 진보단체들이 낙천낙선운동을 목표로 탈퇴하면서, 이후 공선협 활동은 거의 침체된 상황이다.

그러나 복음주의 사회선교운동으로 보면 공선협보다 더 의미가 있는 것은 공명선거실천기독교대책위원회약칭 공선기위 활동이다. 공선협과 같은 해인 1991년 함께 시작된 것으로 봐서도 알 수 있듯이, 공선기위는 복음주의 청년학생들을 실제 현장 활동에 참여시키며 공선협 활동의 핵심 동력이 되어 갔다. 공선기위 활동은 기윤실, 경실련 기청협 같은 단체들과 SFC를 비롯한 대학생선교단체, 나중에 공의정치실천연대포럼 등이 합류하여 활동을 이끌었다. 초기에 이들은 공명선거 캠페인과 현장들을 다니며 참관, 감시활동을 벌이는데 주력하였고, 이로 인해 선거현장을 개선하는데 큰 역할을 했다. 2000년대 들어 내부적 갈등으로 공선협 활동이 침체된 후에도 공선기위는 대학부재자투표소 설치운동, 후보자들의 정책기준을 마련하고 평가하는 메니페스토운동을 전개하고, 젊은 정치인들의 육성을 모색하는 등 꾸준히 활동해 왔다.

또 기윤실이 중심이 되어 해마다 꾸준히 발전시켜온 활동 중에는 1992년부터 매년 가을 각 교단총회가 진행될 때마다 진행해온 교단총회 참관단 활동도 있는데, 연합운동인 '깨끗한 총회선거를 위한 운동'약칭 깨총으로 발전한다. 이것은 나중에 교회개혁실천연대가 함께 참여하면서 총회정책 제안운동으로 발전한다.

초창기 기윤실을 생각할 때 빼놓을 수 없는 게, 기윤실 회원들 안에서 전문인, 또는 관심영역의 분과모임이 자연스럽게 만들어졌다는 점이다. 그 가운데서도 특히 교사, 법조인, 목회자 등이 꾸준히 소모임을 진행해 왔고, 나중에 다시 서술하겠지만 이들 모임이 2000년대 이후 복음주의 사회선교활동을 더욱 풍요롭게 하는 바탕이 되었다. 참고로 1998년 1, 2월호 소식지에 기록되어 있는 분과모임을 통해 당시 활발했던 분위기를 살펴보자.

〈법률가모임, 교사모임, 대학생위원회 4기, 방송모니터모임, 광고모니터모임, 가요모니터모임, 영화모니터모임, 좋은 아버지모임, 언론출판위원회, 의료인모임, 검소한 결혼문화교실, 건축인모임, 재정후원위원회, 착한 노래를 만드는 사람들, 교회협력위원회, 문화전략위원회, 청년사역위원회, 청년리더십모임〉

이러한 다양한 회원모임이 풍성하고 활발하게 움직였던 것이 기윤실의 가장 큰 힘이요, 복음주의사회선교운동의 모태가 될 수 있었던 요인이다. 그러나 2000년대 이후 기윤실은 조직이나 활동면에서 많이 위축된 모습을 보이고 있다. 이진오는 아직 충분한 다음 지도력이 확보되지 않은 가운데 손봉호, 김인수, 이만열, 홍정길 등 기윤실의 핵심지도력이 너무 빨리 물러나고, 4가지의 독자적 영역별 분화가 힘의 결집을 저해한 요인 등을 지적한다. 일리 있는 지적이다. 그러나 이러한 자기 비움을 통해 다양한 독자영역들이 탄생한 것을 보아도 한국 복음주의 사회선교운동에서 기윤실은 모태와 같은 역할을 했다고 말할 수 있다.

● 경제정의실천시민연합^{www.ccej.or.kr}과 기독청년학생협의회

여기서 또 하나 빼놓을 수 없는 단체가 1989년 11월 창립돼 우리나라에 본격적인 시민운동의 효시가 된 경제정의실천시민연합^{서경석 사무총장/경실련}이다. 경실련은 기독교운동이 아닌 일반시민운동을 표방한 단체다. 경실련을 창립하고 초창기 기초를 세운 서경석 목사는 민청학련 사건, YH사건으로 징역을 살았고, 한국사회선교협의회 총무를 했던 대표적인 진보기독교운동가이다. 그러나 80년대 중반 이후 사회운동 진영에 불어온 이념화 속에서 기독운동 정체성^{IT논쟁}을 주장하는 서경석 등이 진보운동과 극단적 정치투쟁에 거리를 두며 새로운 운동의 필요에서 창립한 단체가 경실련이다.

단체이름에서도 드러나듯이 수많은 운동과제 중에서도 서민들의 삶에 가장 큰 영향을 끼치는 경제정의 문제에 초점을 두고자 했던 것 역시 정권교체에 모든 명운을 걸던 방식 대신 시민들의 참여를 통한 실사구시의 취지를 반영한 것이었다. 물론 이런 준법과 실사구시의 방법론은 진보운동으로부터는 정권에 투항하는 '개량주의'라는 비판을 받기도 했다. 아무튼 창립된 해부터 주력사업으로 앞세운 토지공개념 입법 강화와 무주택자 문제 해결을 위한 행사들에는 늘 1,000여 명이 넘는 인원이 참여할 만큼 큰 성황을 이뤘다.

1993년 8월 12일 정부는 전격적으로 금융실명제 실시를 발표하여 한국

사회에 큰 변화를 일으키는데, 이는 창립이후 줄기차게 금융실명제를 주장해 왔던 경실련이 더욱 더 부각되는 계기가 되었다. 대중의 눈높이를 맞춘 운동방식의 전환은 대성공을 거둬, 경실련은 창립 4년만인 1993년 시사저널 설문조사에서 청와대, 안기부, 군, 민자당 등 권부를 제치고 한국사회에서 가장 영향력 있는 기관으로 선정될 정도였다.

이처럼 초기 경실련의 발빠른 성장과 확장에는 복음주의 교회 및 목회자, 평신도들의 대대적 참여가 큰 뒷받침이 되었다. 김준곤당시 CCC총재/작고, 옥한흠당시 사랑의교회 담임/작고, 홍정길 당시 남서울교회 담임, 손봉호당시 기윤실 대표, 이만열당시 숙대 교수 등 대표적인 복음주의 리더들과 박철수당시 복청 회장, 강경민, 이문식, 박성남당시 이랜드 부회장, 사랑의교회 청년부 담당, 고직한 등 다양한 청년학생 조직을 책임지던 소장파들이 많이 참여하고 있었다. 1991년 기준으로 경실련 전체회원 5,791명 중 무려 75.3%가 기독교인이었다는 통계만 보아도 그 영향력을 느낄 수 있다. 이들이 경실련의 운영과 활동에 재정으로, 인원동원으로 엄청난 힘이 되었다.

그 가운데 기독청년학생협의회약칭 기청협는 경실련과 복음주의 기독교운동을 매개하는 독특한 역할을 감당했다. 서경석 사무총장 본인이 한국기독청년협의회EYC/약칭 기청협 간사를 맡은 적이 있기에 경실련 안에도 복음주의 그룹을 중심으로 한 EYC 비슷한 청년학생조직의 필요성을 느꼈던 것 같다.

경실련 기청협은 창립된 89년부터 해마다 도시빈민을 위한 성탄예배를 진행했고, 성신여대, 연세대, 이화여대, 서울대 등에 대학부 모임을 두고

조직 활동을 전개했으며, 복청학련과 공선기위에 참여해 함께 복음주의 사회선교운동을 전개했다. 경실련 기청협은 주로 도시빈민 사업, 청년학생 통일연대사업1994년 10월, 기독청년학생 통일복음성가부르기대회, 문화운동 등에 힘쓰다가 1995년을 끝으로 조직을 해체하게 된다.

● 평화통일을 위한 남북나눔운동 http://www.sharing.net

1980년대 뜨거웠던 민주화운동을 거쳐 진입한 1990년대 한국사회는 분명히 변하고 있었다. 1993년 김영삼 대통령 당선으로 30년을 넘는 군부독재는 끝났고, 사회 각 영역의 다양한 개혁과제들도 정부와 정치권에 흡수되어 진전을 기대하게 되었다. 더구나 서태지와 압구정동으로 상징되는 새로운 신세대 문화의 열풍은 80년대 운동권시대를 빠르게 해체시켜갔다. 그럼에도 불구하고 우리사회에 여전히 수행해야할 과제로 남겨진 것이 있다면 역시 민족통일과 한반도 평화였다. 80년대 대학가의 통일운동이 폭발적으로 일어나긴 했지만, 당시까지만 해도 통일과 평화의 문제는 여전히 정부가 대북창구를 독점하고 있었고, 민간에게는 거의 열려 있지 않았다.

그럼에도 불구하고 국제기독교 연대망을 갖고 있는 진보 기독교계는 일찍부터 국제회의 등을 통해 꾸준히 북한 기독교인들을 만나오고 있었다. "1986년 9월 스위스 글리온에서 세계교회협의회WCC 국제문제위원회 주최 세미나에 한국교회 대표 6명과 조선기독교도연맹 대표 4명이 처음으로 만났다.제1차 글리온 회의 이어 1988년 11월 제2차 글리온회의가 열려 KNCC

대표 11명은 조선의 고기준 목사를 비롯한 북측 대표 7명을 만나 많은 결실을 얻었다. … 1990년 12월에도 제3차 글리온회의가 열려 남북교회 상호 방문, 남북 당국 상호불가침선언, 군비 축소, 이산가족 상봉과 고향 방문 등 9개 항의 '희년 5개년 공동작업계획'에 합의하였다. 1995년 3월에는 제4차 글리온회의가 일본에서 열려 공동 선언문을 채택하였는데, … 남북 기본합의서 실천 방안 등을 논의하는 열매를 맺었다.

이때 이후 기독교계는 물론, 정부의 7·7선언을 마련하는 데에 적지 않은 영향을 주었다고 평가받는 '민족의 통일과 평화에 대한 한국기독교회 선언'을 1988년 2월 한국기독교교회협의회가 발표한다.^{약칭 88선언} 88선언에 대한 반향은 매우 커서, 심지어 이를 반대하던 보수 기독교권조차도 이후에는 통일 문제에 어떻게든 관심 갖고서 발언하지 않으면 안 되는 분위기가 조성되었다."『뜻으로 본 통일한국』 구교형, IVP

이처럼 KNCC 중심의 진보적 기독교계는 반공, 반북 분위기가 엄중하던 군사독재 시절에도 꾸준히 대북접촉의 경험과 성과를 쌓아왔으나, 한국사회와 교회 대다수를 점하고 있던 보수적인 대중들과 함께 가지 못하는 한계성을 보였다. 반면 보수 기독교계는 한국교회 대다수의 인적, 물적 토대를 쌓아놓고 있었지만, 이 분야에 대해서는 정보도, 접촉창구도, 경험도 없었기에 의욕은 있어도 애태우기는 마찬가지였다. 이때 이렇게 둘로 나뉜 보수와 진보 기독교가 남북의 하나 됨을 위해 1993년 4월 함께 힘을 모아 만든 단체가 바로 남북나눔운동이다.사무총장: 홍정길 목사, 사무국장: 김영주 목사, 기획실장: 이문식 목사

때로는 남북관계가 매우 얼어붙어 일체의 대북접촉을 불허하던 시절에도 남북나눔운동은 인도적 대북 지원을 일관되게 진행하며 북측의 신뢰를 얻었고, 한국교회들도 여전히 북한정권에 대해서는 경계하면서도 인도적 지원만큼은 끊지 않았다. 보수와 진보기독교가 대북 인도적 지원에 집중하기로 한 것은 한국교회 대다수의 보수정서를 의식한 것이기도 하지만, 그것이 민감할 수밖에 없는 남북정부와 정치권의 영향을 크게 받지 않는 평화운동이기도 했기 때문이다.

우리의 주제인 사회선교운동사의 입장에서 특별히 기억할 것은 남북나눔운동이 한동안 복음주의 기독청년운동도 활발히 했다는 사실이다. 당시 필자는 남북나눔운동 간사를 맡으며 기획실장 이문식 목사에게 조직운동과 교육운동을 제안하였다. 95년부터 분단세대를 통일세대로 훈련하기 위한 통일학교 실시, 기독청년학생 통일연대회의 주관, 기독청년대학생 통일자원봉사단 활동 등 청년학생 교육과 조직운동, 대중통일운동을 진행했다. 특히 1996년에는 2002년 월드컵축구대회 유치 결정을 앞두고, 월드컵을 남북이 공동개최함으로써 평화와 통일 분위기를 조성하자는 범국민운동을 제안하여, 간사단체로 책임을 맡았다.

그렇게 결성된 '민족화해와 평화를 위한 2002년 월드컵 축구 남북공동개최성사 범국민운동본부'에는 목정평, 기청협, 천주교정의구현사제단, 실천불교전국승가회, 민주노총, 한국노총, 여성단체연합, 흥사단, 민족회의, 광복회 등 종교, 노동, 시민단체, 재야단체들이 폭넓게 참여하였고, 이회택, 차범근, 이영무, 최순호, 김주성 등 대표적인 축구인들이 이름을 함께 올렸다. 당시 15대 총선 출마자에게 설문조사와 91명의 지지서명을 받았고, 남북공동개최 청원 100만인 엽서보내기 운동을 전개하였고, 이러한 취지를 남북정부에 알리고 결정주체인 국제축구연맹FIFA 본부에 보내, 참고하겠다는 답신을 받기도 했다. 물론 우리가 잘 알 듯이 FIFA는 2002년 월드컵의 한일공동개최를 결정함으로써, 평화와 화해를 위한 남북공동개최는 무산되었지만, 2030년 월드컵을 남북이 공동개최하자는 문재인 대통령의 제안도, 1996년 당시 이들의 밑바탕 위에서 진행되는 것임을 기록해 두어야겠다.

● 남북인간 띠잇기 행사, 복음·민족·역사 대회

이 당시 한국교회의 통일운동으로 한 가지 더 기억할 것은 통일을 향한 국민들의 열망을 담아 남북을 아우르는 인간띠를 잇자는 전국적 행사를 KNCC 중심의 개신교계가 주도했다는 사실이다. 당시 KNCC 통일국장과 남북나눔운동 사무국장을 겸직하고 있던 김영주 목사KNCC 총무 역임의 제안으로 1993년 8월 15일, 독립문에서 임진각에 이르는 통일로 주변에서 남북인간띠잇기 행사를 벌였는데, 여기에 무려 6만5천여 명의 시민들이 참여하였다.

또 이러한 단체중심의 운동이 아닌, 청년학생 대중들이 민족과 역사를 붙들고 함께 기도하며, 평화와 통일의 제단에 헌신하려는 노력이 몇 년에 걸쳐 진행되었다. 학원복음화협의회가 주최한 '복음·민족·역사 대회'였는데, 1989년부터 1994년까지 해마다 개최된 매우 의미 있는 복음주의 사회

선교활동이었다. 이 대회의 성격을 엿보기 위해 복음민족역사 94대회주제:
통일과 선교 내용을 소개해 본다.

　　》 통일꿈실험적문화행사

　　　제1막 – 통일을 향하여

　　　　– 반도의 죽음 조명연출 및 스냅 슬라이드

　　　　– 통일공간의 기독인을 향한 외침 Mult–Slide Presentation

　　　　– 반도의 부활 Voice Message

　　　제2막 – 반도에서 세계로

　　　　– 어기영차 힘을 내어라 기독대학생 연합회 합창단

　　　　– 통일축제 한마당 경배와 찬양, Joyfull Dance

　　　　– 하늘 씨앗이 되어 기독노래운동 뜨인돌 공연

　　》 복음 민족 역사연합집회

　　　– 예배음악

　　　– 말씀선포–홍정길 목사, 이만열 교수

　　　– 연합중보기도회

　　　– 기독청년 통일준비 실천운동 발대식

● 이념중심의 학생운동 퇴조와 새벽이슬 출범

　이쯤에서 잠깐 당시의 대학가의 상황을 살펴보자. 1990년대 중반을 넘
어가면서 당시 대학가는 획기적인 변화의 과정을 겪고 있었다. 출범과 동
시에 남북평화시대를 주장했던 김영삼 정부는 1994년 김일성 서거 이후

적대적인 대북정책으로 완연히 돌아섰고, 재야운동 및 학생운동세력과도 사사건건 충돌했다. 그러던 중 정부는 1996년 8월 연세대에서 열린 범민족대회를 처음부터 불법집회로 규정하였고, 결국 걷잡을 수 없는 폭력과 대규모 검거사태로 이어졌다. 소위 연대사태다. 다음해인 1997년 5월 한양대에서 예정된 한총련 제5기 출범식도 정부의 원천봉쇄로 열리지 못하다가 경찰 정보원으로 오인된 한 청년을 학생들이 폭행, 사망하게 했다. 그러자 정부는 한총련을 불법이적단체로 규정했고, 한총련에서 탈퇴하는 대학들이 속출하며, 학생운동의 기반은 급속하게 무너진다. 이후 대학가에서는 전통적인 운동권이 급격하게 퇴조하게 되고, 총학생회를 구성하지 못하는 대학까지 잇따라 속출했다.

이때 복음주의 학생들 사이에서 새로운 학생정치운동을 함께하자는 공감대가 일어났다. 1997년 그 뜻에 공감하는 10여개 대학에서 '새벽이슬'http://www.dawndews.com이라는 같은 이름으로 여러 후보들이 총학생회에 출마하였고, 이 가운데 명지대에서 총학생회장이 당선된다. 이는 90년대 초에 단절된 복음주의 학생운동을 일부 복원하는 것인 동시에, 지금껏 영미 복음주의 운동을 한국에 이식한 대학선교단체들 위주의 활동을 벗어나, 한국상황에 기반한 학생들의 문제의식으로 만들어진 자생적 기독학생운동이라는 독특성을 가지고 있다. '새벽이슬' 소개 참조

새벽이슬은 이후에도 총학을 통한 학생정치운동을 계속 모색하지만, 이를 넘어 하나님나라의 실천적 믿음으로 다양한 사회적 모순들을 돌파하겠다는 뜻으로 많은 현장들에 독자적으로, 또는 연대하여 참여하고 있다. 특

히 새벽이슬로 활동을 시작한 박창수, 이은창새벽이슬 대표간사 역임, 최욱준전 성서한국 사무총장, 임왕성2004년 명지대 총학생회장, 성서한국 사회선교국장, 김희석평화누리 사무국장, 김영민새벽이슬 대표간사 등은 이제 복음주의 사회선교운동 영역책임자들로서 성장하여, 왕성하게 활동하고 있다.

그러나 앞서도 살펴보았듯이 복협, 복청을 중심으로 활기를 띠어가던 복음주의 사회선교연합운동은 1992년 복청학련의 와해 이후 연합운동의 맥은 대부분 끊어지고 몇몇 시민단체 활동으로 대신하게 되었다. 더 이상의 발전 동력을 얻지 못한 대중들은 한국교회의 보수화와 더불어 다시 개별화되었다.

제4장

2000년대 전문영역운동과
연합운동으로서의 성서한국

제4장

2000년대 전문영역운동과 연합운동으로서의 성서한국

1. 수평적 정권교체와 달라진 시대적 상황

2000년대를 전후하여 복음주의 사회선교운동은 다시 변화의 계기를 맞게 된다. 이 변화 역시 당시 시대상황과 깊은 관련을 맺고 있다. 비록 민주화 운동의 순리를 배신하고 탄생했지만, 30년 군부독재정권과는 엄연히 다른 성격의 문민정부^{김영삼}는 금융실명제 실시, 전두환, 노태우 전직 대통령 구속, 하나회 해체 및 군부 개혁 등으로 높은 지지율을 안고 출범한다. 그러나 집권 중반 이후 대통령의 독선이 강해지고, 잇따른 실정과 부정부패, 게다가 온갖 사건, 사고까지 겹치며 임기 중반 이후 지지율 급락과 국민적 분노는 극에 달했다.

이제야말로 제대로 된 수평적 정권교체를 해야 한다는 여론이 급부상하면서, 1997년 대선에서 마침내 김대중 대통령이 당선되었고, 2002년 대선에서 다시 민주당이 승리함으로써 정치혁명에 대한 오래된 열망은 성취되어 가는 듯 보였다. 정치혁명을 통한 전면적인 사회변혁의 과제는 일단락되었으니, 이제는 국민 실생활에 직결된 실사구시적 부문운동에 좀 더 집중할 필요가 있다는 분위기가 확산되었다. 그래서 이때를 전후하여 사회적으로도 경실련1989년이나 참여연대1994년 창립 같이 모든 분야를 다 다루는 백화점식 시민단체 보다는, 정치, 경제, 통일, 환경, 언론, 노동, 여성, 의료 같이 특정 부문을 훨씬 전문적으로, 또 지역적으로 다루는 다양한 전문운동단체들이 잇따라 창립되었다.

복음주의 사회선교운동 영역도 마찬가지다. 특히 우리나라 복음주의 영역운동의 다양성은 기윤실이라는 모체의 덕이 크다. 앞서 언급했듯이 기윤실은 초기부터 문화운동, 교회개혁운동, 교사운동, 정치운동, 법률가운동 등에 관심을 갖는 소모임들이 회원 중심으로 꾸준히 만들어져갔다. 이들이 발전하여 '기독법률가회'1999년, '공의정치포럼'2000년, '좋은교사운동'2000년, '교회개혁실천연대'2002년, 등으로 독립하였고, 기윤실과는 별개로 각종 사회적 현안들에 대한 대처와 지원을 목표로 '한빛누리'2004년, '평화누리'2007년, '평화한국'2007년, '하나누리'2007년 등의 창립도 꾸준히 이어졌다. 이 뿐 아니라, 한국교회의 건강한 비판과 소통을 목표로 인터넷신문 뉴스앤조이2000도 창간되었다.

그러나 2000년대는 국민들의 욕구표현에서도 몇 가지 두드러진 변화를 볼 수 있다.

첫째, 보수의 결집과 집단행동이다.

4.19 직후 민주당 집권을 뺀다면, 우리나라 헌정사상 처음으로 평화적 정권교체에 의한 개혁정부가 탄생했고1998년-2003년, 김대중 정부, 재집권2003년-2008년, 노무현 정부까지 성공했다. 이것은 단순히 정치적 의미에서 그치는

게 아니라, 50년 이상 〈반공-영남-군부-개발독재〉로 이어지며 대한민국의 모든 것을 장악해 온 분단이데올로기와 주류 집단의 보수정서와 기득권에 큰 두려움을 안겨주었다.

그동안 보수 및 기득권층은 정치를 독점함으로써 사회전반을 장악해 왔으나, 두 번씩이나 연이어 정권을 잃음으로써 사회전반의 기득권도 함께 잃을 수 있다는 상실감과 두려움을 갖게 된 것이다. 이러한 피해의식은 그동안 '거리시위는 좌파들이나 하는 것'이라던 거부감을 벗어던지고 보수세력도 거리의 집단행동에 나서기 시작했다. 햇볕정책을 내세우며 남북화해시대를 연 김대중 정부를 친북정권으로 매도하며 광화문 앞 큰 도로를 태극기와 성조기로 가득 매우는 대형집회를 연 것으로 시작하여 이제 보수층의 집단행동은 더 이상 낯설지 않은 일이 되었다. 영원할 것 같았던 주류 정서가 언제든 흔들리고, 기득권을 더 빼앗길 수 있다는 두려움에서 비롯된 것이다.

둘째, 다양한 운동매체들이 활용되고, 개인들도 자기 요구와 관심을 직접 표현하기 시작했다.

인터넷의 대중화와 SNS 매체의 눈부신 발전으로 정보습득과 전달방법이 다양화, 대중화되면서 이전처럼 더 이상 전문가 집단이나 시민사회단체를 통하지 않고서도 얼마든지 사회적 의사표현을 할 수 있게 되었다. 그 가능성은 2004년 노무현 대통령의 국회탄핵을 반대하는 촛불집회를 통해 처음 나타났다. 정당은 물론 꼭 단체만도 아닌, '이건 아니다'라고 생각한

익명의 한 사람, 한 사람들이 자발적인 반대의사를 표현하기 위해 촛불을 들고 모인 것이다.

이후 2008년 미국산 쇠고기 수입재개 반대로 다시 불붙은 촛불집회가 무한경쟁, 입시교육 현장에 내몰린 학생들에게까지 확대되면서, 0교시 수업 반대, 야자 반대의 생활이슈로 번졌다. 이를 반영하듯 집회현장에 등장한 구호는 "밥 좀 먹자" "잠 좀 자자"였으며, '촛불소녀'라는 아이콘까지 등장하게 된다. 과거처럼 정권교체, 대통령 퇴진 같은 무거운 정치담론만이 아니라, 평범한 시민들이 삶에서 경험하는 자기의 생활주제들이 얼마든지 집회와 시위의 내용이 되었고, 그렇기에 정당이나 시민단체 같은 매개를 굳이 필요로 하지 않게 된 것이다.

이것은 최근 2014년 세월호 집회와 2016년 박근혜 대통령 퇴진집회 등에서도 다시 확인되어 시민사회단체들의 역할과 동시에 시민들의 자발적이고, 다양한 참여와 행동들이 대세가 되어 가고 있다. 2018년을 뜨겁게 달군 페미니즘과 미투운동 역시 이러한 변화양상을 드러내 주는 대표적인 사례라 할 것이다.

2. 다양한 사회선교 영역의 분화

이러한 변화는 2000년대 이후 복음주의 사회선교 영역에도 불어와, 참여자 및 참여방식이 다양해 졌다. 그러나 사회선교운동은 일반적인 사회개혁변혁운동만이 아닌, 하나님나라 운동의 맥락 속에 있음을 우리는 기억해야 한다. 따라서 정의와 개혁의지만 있다고 되는 것은 아니고, 또 사회개혁운동에 기독교의 표지만 입히는 것도 아니다. 우리는 하나님나라 신학의 맥락에서 사회선교를 말해야 하고, 신앙고백의 차원에서 일할 수 있어야 한다.

그것은 복음주의 대중에게도 마찬가지다. 아무리 사회적 이슈에 공감한다고 해도 복음주의자들의 특성상 신앙적 정서와 표현방식을 원하게 되고, 이는 역시 복음주의 단체들의 매개를 필요로 하는 이유가 되었다. 이러한 필요들 속에서 2000년대 들어 복음주의 사회선교단체들은 오히려 잇따른 창립의 전성기를 맞는다. 2000년대 서술은 단체 나열보다는, 시대적 상황에 따른 사회선교운동 각 영역들의 흐름을 먼저 그리고, 필요에 따라 단체와 개인들의 활동을 덧붙이는 방식으로 기록하겠다.

(1)교회개혁운동, 건강한 교회운동

2000년대 들어 복음주의 사회선교운동의 변화 중 가장 두드러진 것은 '교회기독교개혁' 자체가 중요한 주제가 되었다는 점이다. 30년 군사독재정부가 물러나고, 선거에 의한 정권교체가 일어나면서, 국민시민들의 각성된 힘으로 세상과 사회를 바꿀 수 있고, 또 바꿔야 한다는 성찰이 사회 각 영역마다 분출되었다.

교회와 기독교계도 예외가 아니었다. 앞서 살펴봤듯이 시대의 사명에 각성된 복음주의자들도 국가구조와 정부를 바꾸고, 사회 각 영역을 개혁해 나가는데 시민사회와 적극적으로 힘을 모았다. 그러나 어느 순간 정신을 차려보니 정작 우리가 몸담고, 발 딛고 서 있는 교회, 기독교야말로 구태를 가장 많이 간직한 채 개혁과 변화에 저항하며, 오히려 사회개혁의 부담이 되어가고 있다는 것을 발견하게 된다. 교회가 더 이상 부패를 막는 소금도, 어두움을 밝히는 빛도 아닌, 사회의 대표적 골치 덩어리로 인식되고 있는 상황에서 사회를 개혁한다고 나서기 이전에 우리 교회부터 바꿔야 한다는 공감대가 형성되었다.

그러나 인식이 있다고 해서 바로 행동과 운동이 시작되는 것은 아니다. 사회개혁에 대해서는 누구보다 공감하는 기독교인들도 대개 교회에서 벌어지는 문제만큼은 기도하고, 용서하고, 이해해야지, 그것을 밖으로 들추는 것은 교회를 대적하는 것이라는 인식이 굳게 자리하고 있었다. 무엇보다 힘든 것은 교회 안에서 일어나는 부정부패와 부도덕이 목사나 장로 같은 신앙 지도자로부터 비롯된 것이 많았기 때문에 이를 지적하는 것은 교회를 깨는 행위처럼 인식되고 있었다.

90년대 중반부터 기윤실 회원들 사이에서 한국교회의 토양 자체가 건강하지 못함을 지적하며, 비판과 개혁활동을 모색하는 움직임이 일어나기 시작했다. 더 이상 감출 수 없이 만연한 교단 및 교회 내 재정비리 문제, 금품선거와 헌금을 조건으로 주어지는 직분 문제, 갈수록 노골화되는 목회직 세습 문제 등이 우선 두드러졌다. 이에 따라 뜻을 함께 하는 기독단체 및 개인들과 깨끗한 교단총회 만들기 캠페인과 선거감시 활동을 벌이거나 목회세습반대 기자회견 등을 개최하기도 했다. 그럴수록 이에 대한 반발과 공격도 거세게 일어났다.

그러다보니 기독교인 개인들의 신앙양심과 선의로부터 비롯된 작은 실천을 주된 과제로 설정해 온 기윤실로서는 교회 구조, 직제 및 운영에 직결된 사안들을 다루는 것이 갈수록 버겁게 느껴졌다. 이러한 과제를 누가, 어디까지 맡을 것이냐를 놓고, 기윤실 리더십 안에서 논란이 증폭되었고, 결국 교회개혁 사안을 보다 전문적이고, 실천적으로 다루는 단체가 있어야한다고 공감하는 이들이 기윤실에서 나와 2002년 11월 새 단체를 창립하는데, 바로 교회개혁실천연대http://www.protest2002.org/약칭 개혁연대다. 개혁연대는 한국교회의 개혁과 변화에 대한 고민이 절정에 달했던 시기에 창립되었기에, 이후 교회개혁활동은 여러 면에서 복음주의 사회선교운동 전반의 강력한 활력을 제공하기도 했다.

● 세습반대운동⇒교회 리더십 분산, 교회 분립운동

개혁연대가 출범하면서 가장 먼저 다룬 것은 세습 문제였다. 한국대학생선교회CCC 김준곤 대표가 사위 박성민 목사로 세습하고, 소망교회 곽선희 목사가 아들 곽요셉 목사로 변칙 세습한 것을 반대하는 운동으로부터 시작되었다. 이어 금란교회 김홍도 목사의 아들 김정민 목사로 세습, 왕성교회 길자연 목사의 아들 길요나 목사로 세습, 그리고 가장 최근 명성교회 김삼환 목사의 아들 김하나 목사로 세습 등 '어련히 알아서 잘 하셨으리라' 믿어버렸던 교회 리더십의 가계세습 문제를 정면으로 제기하여 사회와 교회의 인식을 바꾸는데 큰 역할을 하였다.

이러한 문제제기는 매우 큰 반향을 일으켜 세습을 준비하던 많은 교회, 목회자들에게 큰 부담을 주었고, 교인들의 인식변화에도 영향을 주어 해

당교회 내에서도 세습을 반대하는 조직적인 움직임이 나오게 되었고, 신학적으로도 세습이 성경적이지 못하다는 인식이 확산되게 하는 등 적지 않은 성과를 내게 되었다. 무엇보다 '교회가 과연 누구 것이냐?'는 문제를 제기하며, 교회 사유화私有化에 자주 제동을 걸었다.

이러한 인식변화는 교단에도 영향을 미쳤다. 2012년 기독교대한감리회기감가 개신교 교단 가운데 가장 먼저 교회세습을 금지하는 규정을 교단헌법에 명문화한 것을 시작으로, 2013년 대한예수교장로회 통합예장 통합과 우리나라 최대 교단인 대한예수교장로회 합동예장 합동이 세습금지를 교단총회에서 결의하였고, 다른 여러 교단에서도 비슷한 움직임들을 보였다. 그러나 교단총회와 교회운영을 좌우하는 기득권 목회자들의 반발도 거세었다. 예장 통합은 총회장까지 지낸 김삼환 목사가 보란 듯이 헌법을 어기며 세습함으로써 사문화를 시도하여 총회는 결의 다음해인 2014년 세습금지 결의를 무효화했다. 그러나 이에 대한 교회 안팎의 비난과 항의 끝에 2018년 말, 총회는 명성교회 세습을 인정한 재판국 결의를 재심하도록 번복하여 여전히 세간의 관심이 되어 있다. 통합 뿐 아니라, 앞서 세습금지를 결의한 몇몇 교단들도 결의를 뒤집거나 흐리고 있어 여전히 진통을 겪고 있는 상황이다.

이러한 어려움을 돌파하고 보다 확실한 성과를 얻기 위해 뜻을 함께 하는 단체들이 힘을 모아 2012년 11월에 교회세습반대운동연대http://www.seban.kr/약칭 세반연/공동대표 : 김동호 백종국 오세택를 만들었고, 여기에는 감리교 장정수호위원회, 개혁교회네트워크, 교회개혁실천연대, 교회2.0목회자운동, 기독교윤리실천운동, 기독연구원 느헤미야, 바른교회아카데미, 성서 한국, 예수살기 등이 참여하고 있다.

그러나 문제에 대한 고발과 반대가 전부는 아니다.

오랜 세월 한 목회자의 거의 절대적인 영향력 아래 있던 교회들이 어느 날 갑자기 다음 세대에게 리더십을 이양하는 문제는 보통 어려운 일이 아니다. 그래서 교회개혁운동 진영은 자연스럽게 건강한 목회리더십 이양에 대해 고민하게 되었고 목회자청빙운동, 자연스럽고 건강한 교회리더십의 분산과 교회분립운동을 대안으로 내세우고 있다. 특히 지금까지와 같은 초대형 교회들의 리더십을 순차적으로 나누고, 또 수천, 수만 명 규모의 교회 사이즈도 더욱 작게 분립하는 운동이 적지 않은 교회들에 영향을 주어, 시도되고 있다.

● 전횡 및 독단적 교회 운영 ⇒ 민주적 정관갖기운동, 교단총회 개혁운동

개신교는 교황중심의 가톨릭사제주의와 독단적인 교권운영에 대한 저항 Protest을 시발점으로 삼아 시작되었다. 그러나 종교개혁운동 500여년이 흐른 지금, '로마 가톨릭은 1명의 교황이 있지만, 개신교회에는 각 개 교회마다 한명씩의 교황이 있다'는 비아냥을 들을 만큼 개신교회 권력과 의사결정의 독점구조는 심각하다.

전체의 2/3 이상을 차지하는 장로교와 교파가 달라도 장로교 구조를 따라가는 한국 개신교회들은 목사, 장로로만 구성된 당회가 입법, 사법, 행정 등을 거의 장악하거나 좌우할 수 있는 막대한 힘을 가지고 있다. 그래서 교

회 내 문제가 벌어져도 당회가 알지 못하거나 무시하면 해결은 기대할 수 없고, 더구나 문제 당사자가 당회원인 경우는 더욱이 교회가 처리, 해결하기 어려운 구조이다. 그러다 보니 교회문제는 갈수록 세상 법에 호소하게 되는 일이 많아지고, 결국 해결보다는 교회분쟁, 분리로 마무리되는 경우도 적지 않다.

그래서 개혁연대를 비롯한 교회개혁진영은 공동대표 백종국 교수경상대정치외교학과 등의 주도 아래 교단헌법과는 별개로 개 교회마다의 설립정신, 의사결정구조, 목사 및 장로를 포함한 리더십의 역할규정과 임기제한, 목회평가 등을 담은 민주적 정관 갖기 운동을 제안해 왔고, 많은 호응을 얻었다. 이제 정년준수는 물론 적지 않은 교회들에서 목회평가와 임기제한, 교회권한 나눔은 상식처럼 받아들여지고 있다.

2004년 처음 여의도순복음교회와 조용기 목사 가족비리 문제를 제기한 것도 단순히 교회재정 불투명의 문제를 넘어 세계최대교회의 운영에 교황권을 방불한 결정권을 가진 조 목사와 그 가족들의 관여가 얼마나 심각한지 알리려는 노력으로부터 시작되었다. 이후 이 운동은 여의도교회와 기독교대한하나님의성회약칭: 기하성 교단, 국민일보 내에서 조용기 목사의 비상식적인 전횡을 바로 잡으려는 오래고, 지속적인 줄다리기 속에서 일부는 개선되고, 지금도 여진으로 계속되는 부분도 남아 있다.

또 한 가지 빠뜨릴 수 없는 활동이 교단개혁운동이다. 교단이란 신학과 교회조직 및 운영 등에서 뜻을 같이 하는 교회들의 구속된 연합체라고 할 수 있겠다. 교단이 잘 운영된다면 소속교회들의 바른 신학과 도덕성, 올바른 운영, 목회와 교육적 필요의 적절한 공급, 개 교회문제들의 협의와 해소, 대 사회적 역할과 봉사 등 많은 것을 기대할 수 있다. 그러나 현재 한국 개신교교단들은 이러한 정상적 역할은 갈수록 기대하기 어려워지고, 교권 수호와 종교적 기득권 향유 등 역기능이 더 두드러져 골머리를 썩이고 있다.

그래서 앞서 살펴봤듯이 당시 교단총회 주변에서 공공연히 자행된 부정선거, 금권선거를 바로 잡고자 기윤실 중심의 '깨끗한 총회선거를 위한 운동'이 1992년부터 시작되었다. 이러한 운동 등의 영향으로 노골적인 금권, 부정선거가 한풀 꺾이면서, 교단개혁운동은 이제 총회의 내용과 구성 등 구조문제에 본격적으로 관심을 갖게 되었다. 이것이 2005년 가을 개혁연대 중심으로 출범한 '올바른 교단총회정착을 위한 공동대책위원회'약칭: 교단총회 공대위다. 교단총회 공대위는 총대들의 구성과 회의에 임하는 자세, 회의 주제와 내용 등을 모니터링하고, 해당 교단의 중요한 과제들은 캠페인과 시위를 통해 의사를 알리는 활동도 전개하였다. 대표적으로 2005년 총회부터 몇 해 동안 '기하성' 총회에서 행한 조용기 목사 은퇴약속 준수운동이 있다. 또한 대부분의 교단 총회에서 40대 이상 남성 목사와 장로만이 독점하고 있는 총회 대의원 구성을 여성, 청년 등으로 다양화할 것을 촉구하는 운동은 지금도 계속되고 있다.

● 교회재정 비리 ⇒ 재정건강성운동, 목회자 소득세 납세운동

'절대 권력은 절대 부패하고, 절대 망한다.'는 말처럼 한국교회의 전횡과

독단적 운영은 자연스럽게 교회재정을 둘러싼 숱한 비리의 온상이 되었다. 작은 교회는 작다는 이유로 목사 등 몇몇 측근이 교회재정을 제 멋대로 사용하기 쉬웠다. 큰 교회들도 재정을 다루는 부서와 책임자들이 엄연히 존재함에도 불구하고 담임목사를 비롯한 교회지도자들의 특별한 또는 관행적인 지시에 의해 막대한 헌금이 자의적으로, 또 은폐되어 지출되는 경우가 적지 않았다.

교회문제의 현장들에서 재정 전횡과 헌금사용의 불투명성은 거의 빠짐없이 확인되었고, 이것은 작은 교회, 큰 교회들을 가리지 않고 다반사로 일어나고 있었다. 더구나 성직매매라고 부르기에 손색이 없을 정도로 교회 주요직분목사, 장로, 권사, 안수집사 등 과정에서 임직자들에게 상당액의 헌금을 요구하고, 집행하는 경우도 자주 있었다. 개혁연대는 교회 및 교회지도자들의 이러한 재정의 부정사용과 비리를 횡령 및 배임으로 보고 공개기자회견이나 심할 경우 고소, 고발까지 진행하기도 했다.

그러나 많은 경우 교회재정운영 방식이 전문적인 회계처리 기준을 소홀히 한 관행으로 일어나는 경우도 적지 않았기에 교회와 회계담당자들의 인식전환과 전문교육이 필요하다는 결론에 이르게 되었다. 그래서 만들어진 것이 2005년 기독교윤리실천운동과 교회개혁실천연대, 바른교회아카데미가 주축이 되어 만든 '건강한 교회재정 확립네트워크'다. 이들은 개 교회 재정자료들을 입수해 2006년 한국교회 재정운용 실태조사 결과를 발표한 것을 시작으로 재정운영에 관한 세미나를 개최하는 등의 활동을 해 왔다.

또한 오랫동안 사회적 큰 관심사가 되어온 종교인 납세의 문제를 끌어안고, 목회자 소득세 신고운동도 벌여왔다. 그동안 한국교회는 왜곡된 정보와 인식 등으로 목회자 납세에 대해 주로 반대의 입장을 보여 왔지만, 한편 세금을 내고 싶어도 어떤 내용으로, 어떻게 내야하는지 모른다는 지적도 많아 목회자 소득세 신고내용과 요령을 교육하는 운동도 벌였다. 오랜 세월과 많은 논쟁 끝에 2018년부터 목회자를 포함한 종교인 과세가 실시되고 있다.

● 한국기독교총연합회^{약칭: 한기총} 해체운동 ⇒ 건강한 교회연합운동

1980년대 중반 한국 진보기독교를 대표하는 연합체로서의 한국기독교교회협의회^{KNCC, 교회협}가 잇따라 북한교회와 접촉하고 문익환 목사가 방북하는 등의 모습을 보이자 반북, 반공적인 신념을 붙들고 살아온 한국 주류 기독교계는 발칵 뒤집혔다. 마침내 1989년 1월 그와 대응하는 성격의 교회연합운동을 목표로 당시 한국교회 중심얼굴이던 한경직 목사를 중심으로 새롭게 결성한 보수적 교회연합기구가 한기총이다.

한기총은 단지 보수 반공적 이념을 넘어 대사회적 기여에도 관심을 가졌기에 1990년대 기아돕기운동이나 결식아동돕기운동 같은 봉사에 적극 참여하며 사회적 인식을 높이기도 했다. 그러나 한경직 목사 등 1세대들이 물러나면서 시간이 갈수록 사회적으로는 냉전, 수구적이고, 교회적으로는 교권 수호적, 기득권방어적인 행태가 늘어나기 시작하였다. 이제는 노골적으로 대형교회의 비리, 세습, 성범죄 같이 명백한 범죄, 부도덕 사안들

에는 가해자를 변호하고, 목회자 납세, 양심적 병역거부, 사학법 문제 같은 사회적 현안들에 대해서는 사회적 의식을 역행하고, 평화와 통일, 대북 정책 등에서는 분단냉전의식을 부추기는 등 시대착오적인 행태를 반복했다. 뿐만 아니라 한기총 안에서도 금품을 공언하며 대표회장 당선을 유인하고, 각종 부정과 부패, 전횡과 부도덕한 뉴스의 중심이 되며 교회 울타리를 넘어 한국사회 전반에 피로를 더해 주었다.

이러한 한기총의 잘못된 행태들을 사안마다 주목하며 비판해오던 개인 및 단체들도 더 이상 두고 볼 수 없다는 판단으로 2009년 '한기총 개혁을 위한 기독인네트워크'를 거쳐 2011년 '한기총 해체를 위한 기독인 네트워크'로 이어지며 한기총 반대운동을 해 왔다. 이들은 한기총이 더 이상 자정 능력이 없고, 역사적 수명이 다했기에 해체 운동을 벌이기로 했고, 이를 위해 토론회개최, 성명서 발표 및 서명운동, 그리고 무엇보다 한기총에 참여하고 있는 교단 및 단체들을 대상으로 탈퇴운동을 벌이기도 했다.

이 운동은 적지 않은 성과를 얻어 대표적인 보수교단인 예장 합동, 예장 고신 같은 교단과 예장 통합, 기독교한국침례회^{기침} 등과 월드비전, 사랑의 장기기증운동본부 등이 탈퇴하였고, 한기총의 대사회적, 대교회적 위상과 영향력은 급속도로 축소되었다. 한기총 약화 이후 한국교회 연합기구가 교회협, 한기총 외에도 한국교회연합^{한교연}을 거쳐 한국교회총연합^{한교총}으로 다시 분열되면서 자중지란의 모습을 보이고 있는 형국이다. 이제 구태를 벗어버린 새로운 교단 및 교회연합운동이 모색될 시점이다.

● 교회 내 성폭력, 성범죄 대응과 양성평등 운동 ⇒ 기독교반성폭력센터 개소

교회개혁 활동 초기부터 교회 내 성폭력, 성범죄 문제는 적지 않게 발생했다. 교회라는 특수공간에서 특히 목회자에 의해 자행되는 성폭력, 성범죄는 증거나 증인을 얻기가 어렵고, 설령 얻는다 해도 도움을 요청하기 어렵고, 결국 피해자가 참거나 알아서 떠나기가 십상이다. 용기를 내어 공개하려 해도 입증하기가 힘들고, 그 와중에 피해자는 2차, 3차 피해를 당하기도 한다. 따라서 이러한 민감한 사례들을 교회개혁단체들이 정식으로 다루는 문제는 내부적으로 항상 논란이 많았다.

그러나 이러한 피해가 비교적 많이 발생하는 학교나 정치권, 심지어 군대에서까지 피해자의 폭로와 고발, 연대 등 보다 적극적인 대처활동이 사회적으로 확산되면서 교회 안에서의 문제에 대해서도 인식이 달라지기 시작한다. 이러한 인식변화는 개혁연대에 여성인 김애희 사무국장과 윤경아 공동대표 등 여성 집행위원들이 적극적으로 목소리를 내면서 더욱 활발해졌다.

그러던 중 2011년 9월, 젊은이 선교의 아이콘처럼 여겨지던 삼일교회 전병욱 목사가 자기 교회 여성도들을 오랜 세월 상습적으로 성추행해 온 사건이 뉴스앤조이 보도를 통해 처음 밝혀졌다. 이 사건은 전 목사가 사과하고 교회를 떠남으로써 일단락되는 듯했지만, 시간이 가면서 전 목사가 범죄사실을 은폐, 부인, 왜곡하고, 얼마 후 대학가에 다시 교회를 설립하여 파문이 커졌다. 또 이를 바로 잡아야할 교회, 교단, 교계가 수수방관하면서, 한국교회 전체가 사회로부터 매도당하기에 이른다. 이에 대해 기독단

체들은 '전병욱기독교공동대책위원회'를 만들어 함께 대처해 왔지만, 전병욱 목사에 대한 사법 및 교단 내 처벌은 여전히 이루어지지 않고 있다.

그러나 이 사건을 계기로 교회 내 성폭력, 성범죄 문제를 다룰 전문적인 독립기구를 만들어야 한다는 공감대가 형성되었고 마침 전병욱 목사 사건이 벌어졌던 삼일교회 등의 후원을 바탕으로 2018년 7월 기독교반성폭력센터를 개소하여, 새로운 전기를 마련하고 있다.

● 뉴스앤조이와 교회개혁운동 주역들

이 운동이 비교적 짧은 시간 안에 큰 진전을 이룰 수 있었던 데에는 손봉호, 이만열 등 원로들로부터 박득훈, 방인성함께여는 교회 담임, 하나누리 대표, 오세택두레교회 담임, 세반연 공동대표, 백종국 등 초기 개혁연대 공동대표들과 김동호높은뜻교회연합 대표, 이진오인천 세나무교회 담임, 전 기윤실 사무처장, 지강유철양화진문화원 선임연구원, 전 개혁연대 사무국장 등과 교회를 깨는 자들이라는 매도를 당하면서도 꿋꿋이 신앙양심을 지켰던 성도들의 헌신이 있었기에 가능했다.

그러나 이러한 교회개혁운동의 발전은 주요한 교회개혁과제와 현장마다 동행취재, 독점보도해 준 뉴스앤조이www.newsnjoy.or.kr가 있었기에 더욱 효과를 발휘할 수 있었다. 물론 뉴스앤조이는 일반사회 영역 전반을 다루는 종합언론이지만, 2010년 창간 때부터 지금까지 교회개혁 현장을 발 빠르게 취재하여, 날카롭게 보도해 주었다. 지금은 목회멘토링사역에 집중하고 있는 김종희 전 대표와 많은 기자들의 헌신이 크다하겠다. 또 사건과 의혹의 현장들에 기자들이 직접 침투하여 중계방송 하듯이 써 올린 기사

들은 독자들에게 생생한 격동을 불러 일으켰고, 수많은 교회개혁운동 현
장에서 인용되곤 했다.

뉴스앤조이는 '교회 개혁, 사회 변혁, 통일 한국'을 목표로 언론 운동을
펼쳐 나가고 있는데, 그 외에도 출판사를 등록하여 교회 개혁과 기독교 평
화주의, 설교 비평 등에 집중하고 있으며, 특별히 한국교회 개혁과 신앙 성
숙을 돕기 위한 '바른 신앙 시리즈'가 눈에 띈다. 또한, 성경을 체계적으로
공부하고 다양한 관점에서 이해할 수 있도록 연속강좌를 진행하기도 한
다.

교회개혁 활동으로 하나 더 기억할 게 있다. 학생시절 '기독교대학총학
생회연합'기대총련 의장과 CCC 활동을 경험하며 청년학생운동에 뛰어든 이
진오와 청년들은 1999년 11월 〈새벽이슬〉 신문을 창간하여, 이슈중심의
뜨거운 개혁운동을 했다. 2000년 7월에는 여의도순복음교회 조용기 목사
아들인 조희준이 대표인 신문 '스포츠투데이'의 선정성을 고발하며 〈스포
츠투데이〉 반대운동을 벌이다가 소송을 당하기도 한다. 그 과정에서 여의
도순복음교회 재정의 불투명성을 알게 되고, 이것이 이후 교회개혁운동
진영의 여의도순복음교회 활동으로 이어지게 된다. 새벽이슬 신문은 누적
되는 재정적자 속에서도 나중에 잡지 발간도 하였지만, 2002년 11월 결국
폐간하였다.

● 건강한 작은 교회운동, 교회연합운동
하나님나라를 향한 열망이 간절할수록 더 절실히 느끼는 게 있다. 세상

을 지으시고, 돌보시는 하나님의 마음이 조금 더 잘 담긴 교회다운 교회를 세워가는 문제가 특히 중요하다는 인식이다. 그래서인지 있는 교회도 문을 닫는 판에 2000년대 중반을 지나면서, 그동안 현장운동가로 일하던 적지 않은 목사들이 '작은' 교회개척'운동'에 뛰어들었다. 굳이 '작은'과 '운동'이라고 쓴 것은 '사람을 향한 하나님의 사랑'과 '하나님을 향한 사람의 사모함'은 변하지 않을지라도, 이미 20세기 모더니즘시대 이후 너무나도 달라진 우리시대의 욕구와 정서를 더 잘 담아낼 수 있는 교회의 그릇이 필요하다는 공감 때문이다.

'작은'은 그저 규모의 '크다, 작다'를 넘어, 소중한 것들을 소중하게 여기지 못했던 모든 잃어버린 것들을 끝까지 찾으며, 기다리는 목자의 심정을 담아 낸 단어다.눅 15장 '작은'에 그동안 우리가 소홀히 여겼던 생명, 생태, 지역, 여성, 장애인, 가난한 자와 약자, 이방인 등의 가치를 담았다. 또, 굳이 '운동'이라 함은 그러한 '작은' 교회들이 그저 제 각각 혼자 만족하는 게 아니라, 서로 뜻을 나누고, 연합하여 함께 짐을 지고, 하나님나라의 같은 동역자로 섬기자는 연대의 마음을 담은 것이다.

돌아보면 교회개혁활동 초기부터 병든 교회 현장으로부터 나온 성도들을 보듬고, 격려하고, 새로운 교회를 세워가도록 돕는 회복과 대안활동은 늘 함께 갔다. 이들은 병든 교회 현장을 몸소 체험했기에 누구보다 교회개혁운동에 적극적인 지지자였고, 또 더 건강한 교회를 세워가는 주역으로 성장하여, 새로운 교회운동의 동력이 되기도 했다.

그 시작은 주로 개혁연대의 정신과 활동에 공감하는 교회들이 모여

2005년 여름에 만든 '개혁교회 네트워크'로부터 찾아 볼 수 있겠다. 이들은 매년 부흥사경회, 체육대회, '이런 교회 다니고 싶다' 세미나, 강단교류 등을 함께 하며, 개 교회의 한계성을 탈피해 건강한 교회운동을 모색했다. '개혁교회네트워크'는 2014년 '건강한 작은 교회 연합'http://cafe.daum.net/reformingchurch으로 이름을 변경하여, 오늘에 이르고 있다.

또 2010년 진보적 기독교운동의 흐름을 계속해 가기 위해 만든 생명평화마당http://cafe.daum.net/2010declaration이 그 사업들 가운데, 2013년부터 시작한 작은 교회 박람회는 매년 보수, 진보를 넘어 작고, 건강하고, 새로운 교회를 지향하는 노력들을 스스로 확인하고, 격려하는 자리로 큰 호응을 얻고 있다.

또한 우리나라 교단과 교회연합운동의 유명무실화의 모습을 보며, 최소한 뜻을 함께하는 복음주의 교회들만이라도 대안이 될 만한 새로운 교회운동을 해 보자는 취지에서 2014년 창립된 단체가 한국복음주의교회연합http://cafe.daum.net/evanch2014이다. '복교연'이 주안점을 두는 사업들은 우선, 하나님나라의 관점에서 교회와 시대상황을 다양하게 다루는 이슈포럼을 통해 자칫 좁은 울타리에 갇힐 수 있는 교회와 목회의 장을 세상과 연결하려고 한다. 특히 최근 한국교회의 잘못된 배제와 증오의 표적이 된 여성, 무슬림과 반지성의 문제를 다루는 연속 이슈포럼을 진행했다.

또한 교회는 세상사회과 단절되어서는 안 되기에, 특히 고난당하는 자들의 중요한 사회적 현안들이 있을 때 함께 고뇌하고 대안을 모색하는 현안 대처활동과 현장심방에 참여 한다. 특히 2014년 9월 15-16일, 광화문 앞에서 진행된 세월호 특별법 제정을 염원하는 목회자 304인 철야 기도회에 참여했고, 9월 15일-10월 11일까지 이어진 세월호 특별법 제정을 위한 교회별 릴레이 단식기도에도 복교연 소속 일산은혜교회, 새맘교회, 광교산울교회, 하나의교회, 나들목교회 등이 참여하였다.

또한 2017년에는 종교개혁500주년을 맞아, 그리스도의 같은 신앙고백 위에 있는 다양한 교파의 형제, 자매들과 함께 떡을 떼며, 배우고, 그리스도교 일치를 추구하는 연속기획포럼을 마련했다. 이 포럼에는 가톨릭김용해신부, 정교회박노양 형제, 성공회주낙현 신부, 루터교최주훈 목사, 감리교조경열 목사, 메노나이트파김복기 목사, 침례교김승진 교수, 성결교박찬희 목사, 구세군강종권 사관 등이 자기 종단 및 교파를 소개했는데, 이를 기반으로 하여, 2018년에는 한국그리스도교일치포럼이 구성되어 모임을 갖고 있다.

또, 예수님의 중심 가르침을 하나님 나라 복음으로 보고, 하나님나라 DNA로 건강한 교회를 세우도록 연구하고, 훈련하고, 연대하겠다는 정신으로 2012년 세워진 하나님나라복음네트워크http://hanabokdna.org도 복음주의 정신의 새로운 교회연합운동으로 소개할 수 있겠다.

이러한 교회연합운동과는 조금 다르지만, 이원론, 성장주의, 기복주의, 개교회이기주의, 사제주의를 벗어버리고, 세속적 가치를 지향하지 않는 목회, 비움, 나눔, 작음을 지향하는 목회, 복음적 분업과 민주적 운영을 시행하는 목회, 교회개혁 운동에 동참하며, 약자를 향한 사회적 책임을 지향하는 목회를 실천하기 위해, 건강한 교회, 새로운 목회를 지향하는 뜻을 모아 2011년 창립한 단체가 '교회2.0목회자운동'http://cafe.daum.net/church2.0다.

이들은 그러한 취지에 공감하는 목회자들의 교회개척을 격려하고, 수련회와 세미나 등을 통해 신학생, 목회자들에게 작고, 건강하고, 시대감각에 맞는 목회자, 교회가 되도록 멘토의 역할을 해왔다.

● 신학운동, 대안적 교회연합운동

하나님나라를 향한 열망이 간절할수록 역시 새로운 신학운동이 필요하다는 사실을 절감하게 된다. 한 사람의 그리스도인은 교회를 모태로 하여 태어나 자라게 되고, 교회의 방향성과 건강성은 결국 그 교회의 신학적 토대에서 자라는 것이기 때문이다.

그러나 지금껏 우리 주류신학은 목회자들만의, 주일만의, 교회의 울타리에 갇혀, 영원하고 광대한 하나님나라는 잊어버리고, 갈수록 좁아지는 종교시장에서 무한경쟁한 면이 적지 않다. 2009년 성서한국대회에 모인 몇몇 활동가, 교수들은 이러한 깊은 반성 위에서 새로운 신학운동의 필요성을 공감하였고, '하나님의 온 백성을 위한 교육', '세상과 소통하는 연구', '교회와 사회를 변화시키는 실천'을 모토로 2010년 기독연구원 느헤미야http://www.nics.or.kr를 개원했다.

느헤미야는 현재 기독교학 입문과정, 기독교학 심화과정, 신학연구과정, 성경주해전문과정 등 모두 4개의 정규과정을 진행하고 있다. 그러나 그 외에도 시기와 상황, 연령층에 맞춘 다양한 특강, 세미나, 포럼 등을 개최하여, 말씀과 시대이해에 굶주린 청중들을 사로잡았다. 또한 청년, 청소년 캠프를 통하여 다음세대 육성을 소홀히 하지 않았고, 그간의 연구성과를 묶어 꾸준히 출판하였다. 대전, 부산 등에서 지역강좌를 가졌고, 2018년에는 부산캠퍼스와 강남캠퍼스도 개원기독교학입문과정 개설하기에 이르렀다.

그러나 이들은 단지 알찬 신학운동만의 목표를 넘어 '기독교의 재구성'이라는 보다 야심찬 목표를 가졌기에, 강의실을 벗어나 다양한 운동현장으로 배움의 자리를 넓혔다. 또한 이미 제 구실을 못하는 것을 넘어 역기능까지 보이는 기존 교단들의 역할을 대신할 수 있는 교회운동을 목표로 2017년 느헤미야교회협의회회원교회 17, 개인회원 8, 준회원 7를 창립하기에 이른다.

느헤미야 운동이 지금 여기까지 이른 데는 초대원장 박득훈 목사, 현 원장 김형원 목사하나의교회 담임의 수고와 고상환 사무처장의 헌신이 크다. 또 느헤미야는 역시 소신 있고, 열정적인 교수진들을 기억해야 하는데, 권연경, 조석민이상 신약, 김동춘, 김형원이상 조직신학 김근주구약, 배덕만교회사 교수 등이 꾸준히 강의와 운영을 책임지고 있고, 그중 김근주, 김동춘, 배덕만 교수는 순차적으로 전임교수로 헌신하였다. 이외에도 초빙/객원 교수로 전성민구약, 김선용신약, 이만열교회사, 김응교, 우종학, 윤영훈이상 인문사회과학 교수 등이 참여하고 있다.

● 아카데미운동

한국교회가 새로워지려면 젊은 시절부터 올바른 하나님나라의 이해와 성경적 세계관에 따른 훈련과 일꾼의 배출이 꼭 필요했다. 1980, 1990년대에는 교수, 대학원생 등 전문가그룹 중심의 기독교세계관운동이 활성화되면서 청년, 학생들이 로잔언약, 하나님나라와 총체적 복음, 사회선교 등으로 훈련받을 수 있었다.

그런데 2000년대 들어와서는 보다 젊은 30대 운동가들이 다양한 아카데미 강좌들을 직접 기획, 진행하고, 이를 통해 자원한 청년학생들을 사회선교현장에 연결해 주는 가교역할을 하게 되었다. 이렇게 학습과 현장을 통해 길러진 청년학생들이 2000년대 들어 개별교회나 여러 운동현장에 뛰어들어 활동가들이 되었다. 그렇게 아카데미운동은 공부와 현장으로 훈련된 다음세대 일꾼들이 길러지는 모판의 역할을 감당해 오고 있다.

먼저 '기독청년아카데미'http://www.lordyear.org | 2004년가 있다. 청년들의 폭넓은 세계관적 훈련과 자생적 지도력 함양을 목표로 세워져 다양한 강좌와 프로그램, 그리고 사회적 실천현장의 연계를 펼쳐가고 있다. 정규강좌에서는 성경과 교회사와 역사, 철학과 시민사회단체 탐방 등으로 꾸며진다. 지속적인 만남과 관계를 통해 공동체지도력을 세워가는 상설 교육 과정으로 공동체지도력훈련원이 있는데, 여기에는 정규과정1년, 심화과정 1-2년 목회자/신학생 과정1년이 있다. 매년 상·하반기로 기독청년 역사기행을 진행하는데, 그동안 금강산통일기행2005년, 한일 순교지 역사기행2006년 5월, 백두산통일기행2006년 8월, 철원 생명평화통일 농활2007년 7월, 일본 생명평화 역사기행2007년 8월, 민통선 평화기행2007년 12월, 08년에는 여수신앙순례1월, 제주평화기행4월, 광주역사기행5월을, 2008년에도 생명평화 청년 농활7월, 한일 생명평화역사 기행8월, 개성 통일기행10월, DMZ평화기행12월

등을 진행하였다.

또 '현대기독연구원'2012년은 김동춘전 국제신대 교수, 현 느헤미야 교수이 현대신학과 사회적 제자도 양성을 위한 목적으로 설립한 '현대기독교아카데미'2004년에서 이름을 바꾸어 다양한 신학강좌와 인문학 관련 강좌를 개설해왔다. 보수적 풍토의 한국복음주의에서는 잘 소개되지 않던 칼 바르트, 본 회퍼, 몰트만 등 실천적 현대신학자들과 철학분야 등을 폭넓게 알려 왔다.

기독교인들의 인문사회적 소양과 사회적 소통을 위한 '청어람ARMC' http://ichungeoram.com/2005년 '청어람아카데미'는 서울대 노래운동 동아리 뜨인돌 출신으로 국제복음주의운동의 동향을 폭넓게 소개해 온 양희송 등이 시작하여 전문성 있는 연구자, 활동가들과 연계하여 시기마다 돋보이는 다양한 기획들을 선보였다. 영화, 미술, 기독교 문화관로부터 시작하여 인문학, 대중신학, 사회혁신 등으로 강의의 범위를 넓혀갔고, 정규적인 강좌 외에도 시대상황에 맞는 기획특강황우석 사태를 취재한 〈PD 수첩〉의 한학수 PD, 시사평론가 진중권, 〈삼성을 생각한다〉의 김용철 변호사, 〈강남몽〉의 저자 황석영 등이나 화제가 되는 신간을 저자와 함께 소개하는 출판강연회 등도 진행했다.

또 김요한 목사가 세운 새물결아카데미https://holywaveplus.com/2015년는 새물결플러스라는 출판사를 모체로 성서신학, 기독교사상, 인문교양 강좌를 열어가고 있다. 새물결아카데미는 실력과 소신은 있지만 아직 대중성을 확보하지 못한 젊은 학자들의 연구성과를 자유롭게 풀어내고, 그 결과물을 출판할 수 있도록 연계한다는 면에서 장점을 가지고 있다고 하겠다.

● 가나안성도, 세속성자, 재속재가수도사 사역

불과 20여전 전까지만 해도 우리는 유럽교회를 보며 "역사가 길고, 유서 깊은 건물과 문화가 있으면 뭐하냐? 그 큰 예배당은 텅 비고, 젊은이를 찾아볼 수 없고 노인들 몇 명만 앉아 있을 뿐이다."면서 비판했다. 그러나 한국교회도 어느 덧 교세는 급속하게 감소하고 있고, 또 그리스도 신앙은 고백하지만 교회생활을 거부하는 신앙인들이 늘어가고 있다.

앞서 언급한 작고 새로운 교회운동이 한편의 길을 보여준다고 하지만 그것도 여전히 목회자 중심의 틀을 벗어나기 힘들다며, 많은 사람들은 점점 교회로부터 아예 발길을 돌린다. 이러한 변화는 처음 교회분쟁의 현장들에서 감지되었다. 오래 동안 교회와 목회자로부터 받은 상처와 불신은 깊이 남았고, 교회의 권위와 리더십들에 대한 불신으로 교회를 겉 돌다가, 차차 떠나버리는 신앙인들이 갈수록 많아지고 있다.

이들이 교회를 멀리하게 된 사연과 내용은 매우 다양하고, 그렇기에 이들을 바라보는 시건과 평가도 매우 다양한 것 같다. 그래서 이들을 부르는 이름도 단지 교회 불출석의 관점에서만 보는 '가나안안.나.가의 역순 성도'라는 말에서 지향해야할 목표로서의 '세속 성자'로 발전하기도 했다. 우리가 그렇든 아니든, 우리가 긍정하든 부정하든, 이 영역은 갈수록 중요한 의미를 갖는다. 그러나 이 책은 그 내용과 현상을 본격적으로 다루는 내용이 아니기에 몇 곳만을 임의로 정해, 그쪽 소개내용을 최대한 살려보고 함께 나눌 과제로 제안해 보고자 한다.

① 재속재가수도원 '신비와저항'

신비와 저항은 복음과 상황 편집장을 지냈고, 『밀월일기』, 『욕쟁이 예수』, 『내 삶을 바꾼 한구절』 등의 저자로 더 잘 알려진 박총이 2014년 시작한 재속재가在俗在家 수도원이다. 박총은 이 수도원모임을 이렇게 소개하고 있다.

1. 우리는_ 수도원입니다.

   종교개혁의 후손인 개신교인들은 모두가 수도사로 부름을 받았습니다. …
   문제는 우리가 그 수도원의 수도사임을 깨닫지 못하고 있다는 거지요.

2. 이것은_ 재속재가수도원입니다.

   세속에 거하며在俗 가정을 두고在家 수도하도록 부름 받은 이들도 있다고 생
   각합니다.

3. 이름은_ '신비와저항'입니다.

   우리는 한국교회의 가장 치명적인 문제는 신앙을 교회라는 온실에서만 키
   워내서 일상과 현실 속에서는 피지 못하는 꽃이 되게 한 것이라 봅니다. 일
   상 속에서 하나님을 만나는 '신비'와 약자의 편에 서서 정의를 위해 싸우는
   '저항'이 턱없이 부족합니다.

4. 다시 묻습니다_ 영성 모임이 아니라 왜 수도원인가?

   축제와저항 수도회는 '통전적 앎, 총체적 삶, 전인적 영성'을 빚어가겠습니
   다. … 재속재가수도원 신비와저항은 주중수도원입니다. 지역교회에서 미
   처 일구지 못한 밭을 함께 일구어가는 동역자로서 존재하고자 합니다. 지

역교회를 섬기고 더 풍성한 목회적 지형도를 갖추고자 합니다.

5. 빛깔_ 신비와저항은 팔색조의 공동체입니다.

6. 감수성_ 우리의 감수성은 우리의 육성六聲이자 육성肉聲입니다.

1성_향유의 감수성 / 2성_일상의 감수성 / 3성_배움의 감수성 / 4성_생

태적 감수성 / 5성_저항의 감수성 / 6성_다름의 감수성

7. 정기 수도 모임

내용: 교회력에 따른 예전침묵, 성시낭송, 떼제찬미, 성찬, 평화와 중보를 위한 촛

불 밝히기, 영성 서적 합독 등

② 가나안교회

말 그대로 가나안교회다. 이 교회를 시작한 손원영은 감리교목사이고,
기독교교육과 영성예술, 예술목회 등에 관심을 갖고, 서울기독대학교에
서 기독교교육학 교수로 재직했다. 2016년 1월 중순, 경북 김천 '개운사'에
한 개신교인이 난입하여 불상을 모두 훼손한 사건을 보고, 개신교인 목사
로 책임을 느끼고 불교계에 사과하는 페이스북을 올려, 불당회복 모금을
한 것이 빌미가 되어 해직되었다. 해직 후, 동병상련의 신앙인을 섬기는 가
나안교회를 시작하여 오늘에 이르고 있다. 아래는 페북에 직접 올린 가나
안교회의 예배순서 안내다.

〈가나안교회 소개〉

1. 양평열두광주리가안교회 섬김이: 손원영목사+박경미목사+박경현언님

– 인도: 박경현언님

  – 주요프로그램: 영성춤

 2. 젠테라피가나안교회섬김이:손원영목사+천시아대표

  – 인도: 천시아대표

  – 주요프로로램: 싱잉볼명상

 3. 길위의가나안교회 섬김이: 손원영목사+옥성삼박사

  – 인도: 옥성삼박사생활여가연구소장

  – 주요프로그램: 서울걷기순례12월까지6회순례

 4. 마지종교대화가나안교회 섬김이: 손원영목사+김현진언님

  – 인도: 각 종교 전문가초청

  – 주요프로그램: 종교 간의 대화불교, 유교, 동학, 이슬람 등

 5. 아트가나안교회섬김이: 손원영목사+심광섭박사

  – 주요프로그램: 기독교신앙과 예술12월까지6회예술강좌

● '작은' '건강한' '개혁된' '대안적' '가나안' 등의 계속되는 교회의 고민

교회개혁 영역을 마무리하며 개인적 사족을 덧붙여보고 싶다.

 볼수록 한국교회는 해방 후 한국사회의 발전과정과 너무 닮았다. 밖으로 보이는 모든 지표들이 폭발적 성장을 보이던 시기 대한민국은 특별한 질문도, 의문도 없이 그저 맹목적으로 치달았다. 그러다 보니 사람이 기계처럼 열심히 일하고 지표만 올리면 행복할 것처럼 착각하며 살았는데, 그 성취를 위해 국가와 자본에 모든 삶을 헌납하고 있다는 사실을 깨닫기 시

작하던 때, 급성장도 멈추었다. 그러자 우리는 비로소 묻기 시작했다. "우리가 잘 살아온 건가? 더 나은 삶은 없는가? 경제만 성장하면 어떻게 살아도 상관없는가?"

마찬가지로 한국교회가 폭발적으로 성장하던 시기에는 우리도 묻지 않았다. 교인이 늘어가고, 교회가 커져가며 부자가 되는 것에 신이 나서, 하나님나라가 정말 무엇인지, 예수님을 따라 산다는 게 무엇인지 거의 묻지 않았다. 그러나 믿었던 목사들이 부정부패로 얼룩져 있고, 하늘의 구별된 성역인 줄 알았던 교회들이 온갖 권모술수와 이권, 돈의 힘으로 운영되고 유지되는 현실에 눈을 떴을 때 하나님의 백성들은 다시 질문하기 시작했다.

'작음'은 참된 '건강성'을 찾으려는 과정에서 발견한 가치이며, 끊임없는 자신부인은 '개혁'을 추구하게 했고, 한편의 사람들은 더 나은 '대안'을 추구하기도 하지만 또 한편 약속하신 '가나안'의 새 땅을 찾아가는 광야의 과정 자체를 소중하게 여기는 사람들도 적지 않다. 그래서 특히 2000년대 이후 우리 그리스도인들은 '작은' '건강한' '개혁된' '대안적' '가나안'이라는 낯설었지만 이미 익숙해진 수식어들 사이에서, 계속되는 고민과 과제를 찾아가고 있는 것 같다. 나 자신도 그 고민 속에서 교회개혁운동에 참여해왔고, 교회를 개척하기도 했다. 그런데 갈수록 고민은 더 깊어지고, 자신할 게 없다. 혹시 우리도 스스로 만들어낸 괜찮은 수식어들 속에 빠져 길을 잃거나, 스스로 또 다른 상품이 되거나 위기에 빠진 교회와 목회를 건질 굉장한 비법이나 알고 있는 것처럼 여겨지지 않은지?

가나안성도 현상은 종교개혁 이후 500년 동안의 근대교회 형태의 유효기간이 다하고 있음을 확실히 보여주는 지표이며 과정이다. 그러나 무엇이 가나안교회인지, 무엇이 가나안예배의 핵심인지 스스로 물어야 한다. 기존교회에서 이탈한 사람들이 조금 더 자유롭고, 다양한 모습으로 모인다고 '가나안'이라 할 수 있는 것인지 고민은 함께 계속되어야 한다. 자주 약하고 악한 교회는 그럼에도 분명히 만물을 충만하게 하시는 그리스도의 몸이다.엡 1:23 눈에 보이는 교회가 교회의 전부라고 믿는 것이 그리스도의 신비를 끌어내리는 것처럼, 육체로서의 교회를 너무 쉽게 신비화하거나 깔아 내리는 것도 주님은 섭섭하실 듯 하다. 그 둘 사이에서 우리의 고민과 기도는 영원히 계속되어야 할 것 같다. 최선을 다하되, 환상은 품지 말자.

(2) 평화와 통일운동

한국사회 전체로 본다면, 2000년대는 누가 뭐래도 오랜 분단과 적대의 시대를 일단락하고, 화해와 공존, 평화와 통일을 지향하는 결정적 물꼬를 튼 시대로 기억되어 마땅하다. 그 이전까지만 해도 서로 '괴뢰도당'의 수괴 원쑤였던 남북의 최고 지도자가 두 번씩2000년 김대중, 김정일 1차 남북정상회담/2007년 노무현, 김정일 2차 남북정상회담이나 만나 화해와 평화의 원칙과 실천과제들을 세세히 합의하였다는 것은 지금 생각해도 기적이다.

이때부터 민간영역의 활동도 두드러졌고, 다양한 부분의 발전이 있어왔다. 주로 진보진영에 한정된 것이긴 하지만, 평화와 통일영역에 민간 중 가장 앞선 이들이 1980-1990년대 한국개신교였다는 사실은 아주 중요한 자산이다. 90년대 남북나눔운동 등으로 더 발전한 이 분야 복음주의 운동은 2000년대 들어서도 좀 더 다양한 형태로 이어졌다. 이들의 활동을 크게 세 부분으로 구분해 보자.

① 분단시대의 인식전환사업, 연구교육사업

시대와 상황을 바꾸기 위해서는 우선 인식의 전환이 필요하다. 분단과 냉전시대는 그저 정부와 공안기관의 물리적 압박만이 아니라, 분단 70년 동안 국민의 모든 일상 속까지 침투해 강력한 신념과 문화, 습관으로 작동했기에 유지될 수 있었다. 그 중에서도 공산주의와 북한체제를 사탄의 왕국으로 여기며 반공, 반북 이데올로기를 신앙덕목처럼 가르쳐왔던 주류 기독교사회의 인식을 전환하는 것은 매우 중요하고도, 시급한 일이었다. 그래서 2000년대 들어 일부 복음주의단체들은 이러한 활동에 수고하였다.

먼저 남북나눔운동에 참여하는 전문가, 학자들 중심 모임이던 연구위원회가 2007년 시대적 필요를 절감하고 보다 전문적인 싱크탱크로 독립하여 세운 것이 한반도평화연구원http://www.koreapeace.or.kr이다. 초대 원장은 외교부장관을 지냈던 윤영관이 맡았다. 이 연구원은 외교, 북한, 국방, 통일 등의 전문학자 또는 관료들의 경험과 연구를 바탕으로 기독교계를 넘어 정부정책과 집행에 영향을 주려는 목적으로 설립, 운영되고 있다. 2017년 12월까지 연구단행본 13권 출간, 연구과제 22건 수행, 평화포럼 56회, 원내세미나 104회, 시네토크 21회의 실적을 기록하고 있고, 특이한 것은 새터민탈북인을 전문사역자로 육성하고자 하는 교육프로그램을 6회 개최하였다는 점이다.

또 사평화한국http://www.peacecorea.org은 국책연구기관인 통일연구원의 선임연구위원인 허문영 박사 등이 중심이 되어 2007년 4월 창립한 단체다. 평화한국은 '성경적 평화 패러다임에 기초한 통일이론 축적과 실천방안을 개발'평화연구소하며, '한반도 복음적 평화통일과 세계평화 실현을 위한 기도운동을 전개'평화발전소하며, '모든 영역에서 통일시대를 섬길 새 세대의 인재를 발굴, 훈련'평화제작소하며, '탈북민 및 다음세대와 함께 영역별 준비를 통해 한반도 평화통일과 세계평화를 위한 초석을 구축'평화사업소하려는 목적으로 활동하고 있다. 평화한국도 평화와 통일한국시대를 살아갈 다음세대와 탈북민들을 평화와 통일의 일꾼으로 양성하는데 힘을 쏟고 있다.

보수와 진보의 기독교가 힘을 모아 대북 인도적 지원 사업을 함께 해 나가자는 취지로 남북나눔운동이 설립된 것을 이미 살폈다. 2010년에 설립된 평화와통일을위한기독인연대http://www.cnpu.kr는 보수와 진보 기독교가 평화와 통일의 분위기를 함께 조성하고, 통일시대의 밑그림을 만들어 가자는 취지로 활동하고 있다. 평통연대는 남북관계와 한반도평화와 관련된 좌담회와 포럼, 통일대회, 평화와 통일기행 등을 꾸준히 실시해 왔다. 그리고 매주 1회 평화칼럼을 발송하여 인식의 저변을 넓히는데 힘썼고, 시기에 맞는 적절한 성명서를 발표하여 현안대응에도 소홀히 하지 않았다. 또한 청년학생과 함께 미국과 일본, 중국과 러시아, 그리고 북한 등 세계 각지 디아스포라 한인들과 교류하며, 국제관계를 파악할 수 있도록 교류

협력 프로그램도 실시해 왔다. 이러한 노력들은 여전히 막대한 자원과 역량을 갖고 있는 한국교회의 인식과 활동이 먼저 변해야 한국사회의 평화와 통일 역량도 발전할 수 있다는 바탕 아래서 일관되게 진행하여 온 것이다.

여명학교http://www.ymschool.org는 탈북청소년, 청년들의 교육과 장학사업, 나아가 이들을 한국사회의 주역으로 성장시킬 목적으로 2004년 만들어졌다. 한국사회는 이미 탈북자 3만명 시대를 맞고 있는데, 그 10명 중 2명은 청소년이다. 여명학교가 내놓은 자료들에 의하면, 이들의 학업중도 탈락률은 100명 중 7명남한 학생은 100명 중 1명이며, 약 60%가 사회적응에 불안을 느끼고 있고, 그 중 또 30%는 정상범위를 넘어선 우울 증세를 보인다. 이들의 회복과 성장, 성취를 위해 여명학교는 주거지원, 생활지도 및 보호, 미술치료와 심리상담, 의료지원 등을 제공하고 있다. 이를 통해 2017년 9월 현재, 총 졸업자 240명 중 대학진학자는 92명38%, 취업자는 70명29%라고 한다. 여명학교는 더 나아가 탈북인들이 그저 남한사회에 잘 적응, 정착하는데서 그치지 않고, 남북평화시대의 주역으로 성장하여 남과 북을 잇는 통합의 일꾼이 되도록 육성하는 꿈도 꾸고 있다.

② 남북교류와 대북지원 사업

1990년대 중반 잇따른 자연재해로 찾아온 식량난 등으로 북한이 건국 이후 최대의 생존의 위기를 겪었을 때 한국정부는 이를 외면했을 뿐 아니라 민간인들의 인도적 지원조차 번번이 가로막았다. 2000년대 들어서도 보수정부는 인도적 지원조차 대북관계 상황과 일일이 연계시키며 여러 가지 조건을 달아 제한해 왔다. 그럼에도 불구하고 기독교 등 종교기관과 국제구호단체, 민간단체 등은 인도적 지원에 힘썼고, 이러한 경험은 2000년대 들어서도 계속 이어졌다. 기독교단체 가운데 대표적인 곳은 이미 살펴봤던 남북나눔운동이다. 그 외에도 복음주의 성향의 여러 단체들이 다양한 모습과 형태로 대북지원 및 남북교류 사업을 전개하고 있다.

한빛누리www.thebrightfoundation.org는 섬김과 나눔 사역을 통해 우리사회를 더 밝게 만들기 위해 2004년 세워진 지원사역재단이다. 한빛누리의 여러 사업 가운데 민족화해사업이 있는데, 여기에는 중국 내 거주하는 한민족 학생들에게 기초적이고 필수적인 정보통신기술을 지원하고, 교육하는 사업과 대규모 인도지원의 사각지대에 있는 취약지역 북한주민들에게 식량과 의료, 농업을 지원하고, 조선족교회를 지원하는 사역 등을 소리 없이 감당하고 있다.

또 하나누리http://www.hananuri.org 역시 '북한의 소규모 지역사회의 실질적 자립을 돕는 남북 경협사업을 전개하고, 남북 주민들의 사회문화 교류'도 모색하기 위해 2007년 설립하였다. 하나누리는 2008년 12월 강원도 고성군 온정리금강산에 연탄 10만장을 지원한 것을 시작으로 주로 북한 최북단인 함경북도 라선, 혜산, 청진 등지에 식량, 방한용품, 비료 등을 지원하는 일에 힘쓰고 있다. 또 함경북도 농장을 운영사업에 참여함으로써 북한 스스로의 자립기반을 확충하는 일에도 노력하고 있다. 그러나 이미 시작된 통일한반도의 청사진을 미리 그려 남북체제의 한계와 모순을 극복하고자 하나누리 산하의 토지+자유연구소를 통해 연구사업도 감당하고 있다. 교육 및 아카데미 사업을 통해 대북 인식개선과 평화시대의 감성을 키우는 일에도 힘쓰고 있다.

③ 분단시대와의 싸움

평화와 통일의 새 시대를 만들어가려면 분단과 냉전시대를 방어하며 여전히 왕성한 힘을 행사하고 있는 체제권력과 만나 싸워야 된다. 그만큼 우리가 극복해야할 냉전과 분단시대의 뿌리와 관행이 깊다.

● 평택 미군기지 이전문제와 한반도 전략적 유연성

2002년 한국과 미국은 용산 등 한강 이북에 산재해 있던 미군 기지를 철수하여 평택에 기지와 훈련장을 조성한다는 연합토지관리계획LPP협정에 서명함으로써 2007년까지 이어진 긴 싸움이 시작된다. 정든 고향땅을 떠나야 하는 농민, 주민들의 아픈 심정은 이해하지만, 크게 보면 그동안 대한민국 심장부 서울의 노른자위 용산을 차지하고 있던 미군 기지를 후방으로 이전하는 것은 여러 모로 좋은 일 아닌가?

그러나 이는 그곳 주민들의 거주와 생존권 문제를 넘어서 미국의 한반도 전략이 위험하게 수정되고 있음을 내포하고 있었다. 2차 대전 이후 한국전쟁을 거치면서 미국은 동북아에서 중국, 러시아 등 대륙 공산주의를 저지하기 위해 일본을 기지로 삼고, 한반도의 남쪽을 전선으로 삼는 정책을 채택해 왔다. 그런데 1990년대 냉전이 종식된 후 옛 소련러시아이 물러난 자리에 중국이 힘을 키우며 점점 미국과 맞서기 시작했나. 그에 따라 미국의 동북아 정책도 중국의 봉쇄에 더 집중되고 있고, 이에 따라 한반도도 단지 북한남침의 저지가 아니라 미국을 중심으로 일본, 한국, 대만이 협력하는 대 중국 봉쇄망에 편입되어 가고 있다.

그러므로 용산 등 한강 이북의 주한미군이 평택으로 통합배치 되는 것은 대만사태나 심지어 중동의 대테러활동 등 유사시 미국의 전략적 필요에 따라서 이동할 수 있다는 뜻이다. 그것이 '전략적 유연성'이다. 그런 면에서 항구, 공항, 철도, 고속도로 등이 모두 모여 있는 평택은 최적의 요충지이다. 그러나 그렇게 될 경우 한반도는 미국의 전략적 판단에 따라 중국 등에 맞서는 국제전에 휘말릴 수 있다는 뜻이다. 이러한 전략적 위험성을 이해한 전국의 많은 사회, 시민단체들은 5년에 걸친 평택 대추리 미군기지 이전반대 운동에 참여한다. 이에 여러 한국복음주의 단체 및 교회, 개인들도 기독교 대책위와 함께 여러 차례 집회와 마을지킴이 활동에 참여하였다.

● 이라크 파병 반대운동

한국전투병의 이라크 파병은 더욱 이해하기 힘든 일이었다.

2003년 3월 20일 미군과 영국군은 대량살상무기와 독재자 후세인 제거를 명분으로 이라크를 침공하였다. 처음부터 명분 없는 전쟁임을 알았기에 독일, 프랑스 등 전통적인 우방국들조차 이를 지지하지 않았다. 미국,

영국 등 연합군은 오래지 않아 바그다드를 점령하고 후세인은 체포되어 상황이 종료되는 듯 했지만, 이때부터 이라크상황은 내전과 더불어 더 길고 긴 테러의 수렁에 빠져들어 지금껏 계속되고 있다.

미국은 이라크 침공 처음부터 한국군 파병을 요청했고, 한국정부는 한미동맹 명분의 곤혹스러움 속에서 2003년 전투병이 아닌 서희부대공병 지원단와 제마부대의료 지원단를 보내며 무마하려 했다. 그러나 미국의 전투병 파병 요구는 계속되었고, 그 와중에 2003년 11월에는 이라크 파견 한국 노동자 김만수, 곽경해가, 2004년 6월에는 김선일이 한국군 파병 철회를 요구하는 무장 단체에 납치, 살해되었다. 그럼에도 불구하고 노무현 정부는 2004년 8월 끝내 전투병인 자이툰 부대를 파병한다.

이러한 결정은 그동안 노무현 정부를 비판적으로 지지해 온 많은 시민사회운동 진영의 대대적인 반발을 불러 일으켰다. 물론 일부에서는 노무현 정부의 선택을 불가피한 것으로 이해하기도 했다. 무엇보다 남북화해와 한반도평화를 중요한 국정과제로 여긴 노 대통령이 대북 강경파인 미국 부시 정부의 파병요구를 들어주는 대신 한반도 평화로 보상받으려는 마음이 보였기에 더욱 그랬다. 그러나 우리의 평화를 보장받기 위해 다른 나라의 불의한 침공에 동조하는 것은 국가의 도리가 아니라고 믿었던 많은 시민사회진영은 '이라크파병반대비상국민행동'을 결성하여 파병을 반대했고, 복음주의 사회선교운동 진영도 성명서 발표 및 여러 번의 기도회와 집회를 개최하며 반대의 목소리에 힘을 실었다.

● 제주해군기지 건설 반대운동

앞서 평택 미군기지 이전이 미국의 전략적 유연성을 바탕으로 주한미군을 한반도를 넘어 아시아와 중동까지 순환 배치하는 전략군으로서의 지위 변경을 가능하게 하는 선택임을 보았다. 제주에 해군기지를 건설하겠다는 것도 북한의 잠수함 활동의 위협을 대처하기 위한 것이라는 명분을 걸고 있지만, 그보다는 미국이 해군력의 60% 이상을 아시아-태평양에 배치해 중국을 견제, 봉쇄하고 있는 전략의 일환이라는 게 대체적인 평가다.

그러므로 제주해군기지 건설 반대는 한반도와 동북아 평화로 나가야할 한국이 반대로 동북아 긴장과 갈등을 더욱 부추기는 전진기지가 되면 안되겠다는 평화운동의 일환이다. 복음주의운동이 이 활동에 참여하게 된 계기는 평화단체 '개척자들'http://wcfgw.nayana.kr/xe을 통해서였다. '개척자들'은 1992년 필리핀 피나투보 화산분출로 많은 인명피해가 일어났을 때 전도사이던 송강호와 청년들의 기도모임으로부터 시작되었다. 이후 세계 곳곳에서 일어나는 전쟁, 분쟁, 재난의 소식을 알리며 함께 기도하고, 현장에서 구호, 재건, 평화교육 및 화해 활동에 참여해 왔다.

제주해군기지 건설 상황을 접하고 2011년부터 본격적인 연대활동을 시작한 '개척자들'의 참여를 보며 복음주의 단체 및 신앙인들의 참여도 잇따랐다. 송강호 전 대표를 비롯한 '개척자들' 회원들은 제주 강정마을에 상주하여 무분별한 기지공사를 몸으로 막아내며, 현지 소식을 알렸고, 평화누리, 새벽이슬, IVF사회부, 기청아 등 복음주의 단체들도 잇따라 성명서 발표와 기도회, 집회 등으로 지지의 뜻을 보냈다. 이제 해군기지가 완성된 후에도 제주를 평화의 섬으로 만들자는 운동에 여전히 힘을 보태고 있다.

(3) 정치참여운동

군부독재시절만 해도 정치는 정당 및 정치인들에게만 허용된 제한된 활동으로 여겨졌다. 그러나 1980년대 중반이후 오랜 야당 투사 김대중, 김영삼 중심의 정당 활동이 활기를 띠면서 총선과 대선, 그리고 지방선거까지 선거판이 달아올랐고, 점차 국민과 유권자로서의 제한된 관심을 넘어 운동으로서의 정치참여도 활발해갔다. 앞서 살펴봤듯이 주요 시민운동단체들이 총 망라된 공선협 활동이 90년대까지 이어졌고, 그 중에서도 교회라는 조직적 기반을 갖고 있는 기독교인들의 활동이 가장 활발했음은 객관적 사실이다. 그러나 이러한 교회와 기독교인들의 조직적 참여는 기윤실이라는 전국적 시민단체가 있었기에 또한 가능한 것이었다.

기윤실은 초창기부터 공선협 활동에 적극 참여했을 뿐 아니라, 공선기위라는 별도의 기독교조직을 함께 만들어 교회와 선교단체 단위의 공명선거운동과 의정감시활동이 이루어지도록 힘을 쏟았다. 자연스럽게 기윤실안에 기독교정치위원회가 만들어졌고, 올바른 기독교적 정치에 대해 고민을 모아갔다. 그러나 이들은 이러한 간접적인 방식만으로는 부패 무능한 한국정치를 공평과 정직으로 바꿔가기 어렵다는 한계를 느끼게 되었다. 더구나 2000년 4월 총선에서 대부분의 진보적 시민운동진영이 집중했던 낙천낙선운동이 기대만큼 논란도 많던 상황이었기에, 손봉호 교수의 제안으로 기독교적 정신을 가진 복음주의 정치시민운동이 시작된다.

2000년 6월 창립된 공의정치포럼http://www.fairelection.kr/공동대표: 김인수, 김진홍, 손봉호, 옥한흠, 이만열, 홍정길이다. 하나님의 공의정치 실현을 목표로 두었지만 종교성을 전제하지 않았고, 보다 적극적인 정치운동을 표방하지만 당장의 정당정치 참여보다는 정치인재의 발굴과 육성을 우선하기에 포럼 형식을 취하기로 했다. 2000년 7월 20일 창립기념 첫 세미나를 〈고통과 정치 – '피해자 중심의 윤리'를 중심으로〉라는 주제로 손봉호 교수가 발제한 것을 시작으로 모두 8차례의 포럼을 진행했다.

2003년 10월 공의정치포럼은 보다 적극적인 공의정치의 실천 활동을 목표로 공의정치실천연대공동대표: 김진홍 손봉호 옥한흠 이만열 홍정길로 이름을 바꾸고, 정치에 관심 갖는 기독청년들의 육성과 대중화를 위해 여러 주에 걸친 공의정치아카데미를 진행하기도 한다. 공의정치실천연대는 2011년 단체 이름을 공의정치포럼으로 다시 바꾸고, 구체적인 정치실천 활동은 새로 출범한 희망정치시민연합에 맡기기로 결의했다.

희망정치시민연합https://blog.naver.com/hopepolitics은 지금까지 유권자로서 배우고, 훈련하여 정치를 감시하는 방식에서 더 나아가 공의정치에 부합하는 후보를 지원하고, 당선 후에도 의정 또는 행정을 통해 이를 실현해 나가도록 계속 지도, 지원하는 것을 목표로 2010년 설립된 시민단체다. '희망정치'는 섬김과 평화의 정치, 생명과 사랑의 정치, 살림과 나눔의 정치, 조화와 상생의 정치를 비전 삼아, 2010년 6.2 지방선거, 2012년 4.11 총선, 2014년 6.4 지방선거, 2016년 4.13 총선, 2018년 6.13 지방선거까지 매번 선거마다 활동해 왔다.

'희망정치'가 추구하는 8대 정책 방향은 〈1. 중앙당의 예속으로부터 자유롭고 지역주민이 주인이 되는 지방자치의 활성화 2. 부정부패와 매관매직이 없는 맑고 투명한 지방자치 실현 3. 지역의 특성에 맞고 친환경적인 '창조적 지역발전'과 지역경제의 활성화 4. 다문화가정 외국인근로자 탈북자 및 서민에 대한 사각지대 없는 맞춤형 복지 5. 지자체와 지역 시민사회와의 쌍방향 소통과 상호 협조에 의한 지역발전 6. 지방자치 예산의 낭비방지와 효율적이고 적절한 사용 7. 지역 내 환경보존과 친환경 에너지 활성화 8. 지자체 차원의 평화통일 운동의 활성화〉이다. 매 선거 때 원하는 후보들마다 〈희망후보 신청서〉, 〈자기소개서〉 및 〈희망후보 질문지〉를 작성하여 보내면 '희망정치' 평가단들이 이를 평가한 후 최종 결정하고, 희망후보를 지원하는 과정을 거치고 있다.

참고로 가장 최근인 2018년 6월 지방선거에서는 광역단체장: 이재명경기도지사, 김윤기대전광역시장/ 교육감: 조희연서울특별시교육감, 이재정경기도교육감, 노옥희울산광역시교육감 장석웅전라남도교육감, 황호진전라북도교육감/ 기초단체장: 장세용구미시장, 문석진서대문구청장/ 광역의원: 송준향대구광역시의회 의원/ 기초의원: 나익수서울특별시 마포구의회의원, 정연우대구광역시 남구의회의원 홍승천경기 김포시의회의원, 정영희충남 홍성군의회의원 등 모두 14명의 '희망후보'가 선정되어, 그 중 8명이 당선되었다. 그러나 이들은 당선 후에도 4년 임기 동안 서약한 정책을 성실하게 이행토록 지속적으로 모니터링하고, 임기가 종료되는 2022년 초 이행한 성과를 검증하고 책자로 발간하여 공개할 예정이다. '희망정치'는 이러한 희망후보 활동 외에도 희망정치아카데미를 열어 대중적 관심을 유도하는 일도 겸하고 있다. 이러한 복음주의 정치활동에는 손봉호, 백종국, 최은상, 최갑주, 윤환철, 이국운 등의 계속적인 노력에 힘입은 바 크다.

(4) 사회적 시국현안의 연대활동

● 한미 FTA협정반대 활동

자유무역협정Free Trade Agreement은 1980년대 이후 일어난 신자유주의 세계화의 한 형태다. 신자유주의를 세계화하기 위해 1995년 출범한 기구가 WTO 라면, FTA협정은 이를 개별국가 또는 국가집단별로 보다 직접적이고, 세부적으로 실현하도록 하는 맞춤형 방식이다. 사실 한국은 2004년 칠레와 첫 번째 FTA협정을 맺고 있었지만, 유독 한미 FTA에 민감하게 반응한 이유가 있다. 미국식 FTA협정은 유럽식을 포함한 세계 어떤 나라와의 방식보다 더 구체적이고, 전면적인 강제개방효과를 낳기 때문이다.

단지 수출입의 손익문제를 넘어 국가경제와 사회 전 영역의 급격한 개방과 통합을 낳을 수 있는 한미FTA협정은 미국의존도를 더욱 높이고, 특히 비교우위산업을 위해 농업과 농민의 일방적 희생을 강요할 수 있기에 기독교인들은 이를 하나님나라의 정의문제로 본 것이다. 이러한 문제의식에 따라 2006년 8월, 한미FTA기독교공동대책위원회를 만들어, 집회, 토론회, 국회 방문, 기자회견, 성명서 발표 등 적극적인 활동에 참여했다. 한미FTA기독교공대위 소속 12명의 목회자들은 민주당 원내대표실을 만 하루 동안 점거하여, 김진표, 정동영, 손학규 등 민주당 핵심 당직자들을 차례로 만나 민주당이 한미FTA를 저지하겠다는 결의를 받아내었다. 또 한나라당 원내대표실에도 한미FTA 반대 서한을 전달하였다. 한미FTA기독교공동대위는 '에큐메니칼-복음주의 간 연합, 지역교회-사회선교단체 간 연합, 도시교회-농촌교회 간 연합'이라는 삼중 연합의 조직으로, 공동대책위 사무국장은 오랫동안 성경적 토지정의모임에서 활동했던 박창수가 맡았다.

2007년 4월 협정은 최종 타결되었다. 그러나 시민운동은 협정이 타결되고 이명박 정부로 바뀐 후에도 최종적 효력발생을 저지하기 위해 국회비준 반대운동을 펼쳤고, 기독교계도 이에 발 맞춰 2011년 11월 한미FTA기독교공동대책위원회를 한미FTA폐기기독교연대로 재조직하였다. 이들은 각 교단 총회를 방문, 한미FTA 반대 서명운동과 교회 현수막 걸기 운동, 기도회와 토론회, 강연회를 개최하였다.

당시 사무국장 박창수는 공동대위가 한미FTA에 반대한 이유를 이렇게 말한다. "혹자는 국익을 판단 기준으로 제시하지만, 한미FTA기독교공동대책위원회는 기독교적 판단 기준의 가장 중요한 원칙은 '약자 보호'라고 판단하였다. 그래서 한미FTA기독교공동대책위원회가 주목한 것은 '한미FTA에 의해 사회적 약자들이 어떤 영향을 받게 될 것인가?'였다. 이 관점은 한국뿐만 아니라 미국의 사회적 약자들에게도 동일하게 적용된다. … 한미FTA기독교공동대책위원회는 한미FTA가 본질적으로 부자와 강자자동차 기업, 투자자, 다국적 제약업체 등를 위해, 빈자와 약자농민, 중소상인, 환자 등를 더 고통스럽게 만드는 협정이라고 판단하였고, 그 이유 때문에 반대하였다."

● 주요 시국사안의 참여와 평화누리 창립

당시 또 다른 중요 시국사안이던 쌍용차 사태, 용산참사, 세월호 참사 등에 대한 연대활동은 뒤에 성서한국운동을 설명하면서 후술하기에 여기서는 생략한다. 다만 여기서 하나 기억할 것은 복음주의운동에서는 보기 드문, 사회적 약자의 문제를 집중적으로 맡는 단체로 평화누리http://peacenuri.tistory.com가 창립된 것이다. 원래 평화누리는 사회적 의제에 대한 대안활동에 관심 갖는 그룹과 통일에 대한 대안운동을 모색하는 그룹이 하나로 합쳐져 2007년 4월 창립한 통일시대평화누리통일누리로부터 비롯되었다.

창립과 함께 민족통합, 평화를 소망하는 주요단체들과 공동 정책 세미나를 주최하고, 통일학교를 공동주관했으며, 한미 FTA 기독교공동대책위, 이랜드 비정규직 문제 해결을 위한 기독교공동대책위, 대통령 선거 유권자 운동 '2007 공의로운 선택' 등에 활발하게 참여하였다. 이후에도 '생명의 강 지키기 기독교행동'과 광우병 쇠고기 수입 반대 촛불집회에 적극 참여하여 이름을 알렸고2008년, 용산 철거민 희생자를 위한 기독교공동대책위, 이명박 정부의 언론방송법 개정 반대 활동, 쌍용자동차 문제의 평화적 해결 촉구운동2009년 등 주요한 시국사안에 모두 적극 활동하였다. 당시 사무국장 김종환 목사삼일교회 담임가 집회마다 들고 나온 단체깃발 아래에서 회원들은 함께 목청을 높였다.

2011년 1월에는 사회적 의제 활동에 좀 더 집중하기 위하여 이름을 통일시대 평화누리에서 '평화누리'로 바꿔 제주 강정마을 해군기지 건설 반대 연대활동, 포이동 화재현장 주민과 함께하는 연합예배 공동주관, 한기총 해체를 위한 기독인 네트워크 등에 참여했다. 2013년 평화누리는 다시 사회적 사안 중에서도 '노동'운동에 좀 더 집중할 것을 결의하였다. 그러한 노동활동을 묶어 〈플랜 L 프로젝트〉로 부르는데, 이는 '자본주의체제를 극복하고 노동이 소외되지 않는 정의롭고 평화로운 세상을 만들기 위한 노동시민운동 프로젝트'이다. 이 프로젝트는 몇 가지 활동으로 구성되는데, 아카데미를 통해 노동의 참된 의미를 이해하고, 노동권의 내용을 쉽게 알 수 있도록 돕는 [플랜 L 아카데미], 노동에 대한 부정적 인식과 노동자에 대한 편견을 극복하기 위한 [플랜 L 캠페인], 낮은 임금, 장시간 노동, 불법해고, 근로기준법 위반 등 노동 현장에서 발생하는 불의와 억압을 멈추고 노동권을 향상시키기 위해 법과 제도를 개선하기 위한 [플랜 L 체인지], 불의와 억압으로 얼룩진 노동현장에서 노동자들과 함께 연대하고, 하나님의 사랑과 정의를 실천하며, 연대의 공간과 문화를 만들어 가는 [플랜 L 액션] 등이 있다. 426일 고공농성을 통해 2019년 1월 11일 마침내 타결에 이른 파인택 농성에도 평화누리는 함께 했다.

(5) 전문가운동

그리스도인이 하나님나라의 증인으로 살아가는 데에 부름 받은 자기 직업 영역에서 인애와 공평을 드러내는 것은 갈수록 중요해 지고 있다. 복음주의권에서는 2000년대를 전후하여 전문 직업영역에서 하나님나라를 드러내려는 노력을 적극 권장했고, 자연스럽게 그 열매들이 맺어가고 있다. 대표적으로 교육 및 교사운동과 법률가운동이 활발하다.

① 교육 및 교사운동

좋은교사http://www.goodteacher.org는 1995년 8월 기독교 신앙을 바탕으로 학교상황을 고민하던 기윤실 교사모임 등 4개 교사모임이 연합하여 출발하였다. 당시는 이미 전국교직원노조전교조가 한국 민주화운동 및 교육, 교사운동에 앞장 서 있던 상태였으나 지나치게 이념화, 경직화되었다는 부정적 인식도 있던 터라 기독교사들은 기윤실 모임 등을 함께 하면서 새로운 교육, 교사운동에 자연스레 공감할 수 있었다.

이들은 우선 하나님나라로 무장된 기독교사들이 병든 학교현장들을 바꿔가기 위해, 행복한 수업을 준비하고, 인성교육을 바탕으로 좋은 학교 만들기를 추구했다. 또한 학교 및 학생들의 무너진 교육현장을 바로 잡을 수 있는 장, 단기적인 교육정책을 만들어 정부와 정치권에 알리는 활동도 게을리 하지 않았다. 기독인 교사로서의 부르심과 사명감의 공유는 계속 고취되어야 한다. 그래서 '좋은 교사'는 1998년 8월 강원대학교에서 첫 번째 전국교사대회를 개최주제: 다음 세대를 책임지는 교사, 900명 참가한 것을 시작으로 매년 교사대회를 계속하고 있다. 또 교육이 변하려면 바른 교육적 대안에 공감하는 좋은 대통령을 선출하는 것이 중요하다고 믿고, 2007년 대선을 앞두고는 대선교육공약 운동을 실시하였고, 2015년 10월에는 당시 정부가 앞장 서 추진하여 크게 논란이 되었던 역사교과서 국정화에 대해 '역사교과서 국정화에 반대하는 기독교사 실천선언'을 발표하기도 했다.

좋은 교사운동은 이제 교총, 전교조와 더불어 명실상부하게 한국교육운동을 이끌어가는 중심단체의 하나로 성장하였다. 현재 4,000여명의 유초

중고 현직 교사들과 13개 기독교사단체, 10여개의 교육 전문모임과 교과모임이 참여하는 연합단체로 자리 잡고 있다.

'좋은 교사'를 비롯한 교사운동이 주로 공교육제도를 중심으로 한국교육 전반을 다룬다면, 한국교육정책과 제도 전반을 관통하는 대표적인 역기능인 '사교육'문제에 집중 대응하기 위해 2008년 창립한 단체가 사교육걱정없는세상cafe.daum.net/no-worry이다. '사격세'는 기윤실 교사모임, 그리고 '좋은 교사'의 창립과 운영을 이끌어왔던 1세대 교육운동가 송인수의 깊은 현장 고민 속에서 시작되었다. 학교, 학생, 학부모 등 모든 교육현장과 심지어 나라까지 죽이는 심각한 사교육문제와 정면승부를 벌이겠다는 결기가 시작과 더불어 올린 각오에서 고스란히 드러나고 있다.

"… 새 운동은, … '사교육과 입시 부담으로 인해 학생들과 국민들이 겪는 고통을 해소하는' 데 그 목표를 두고 있습니다. …아시다시피, 입시와 사교육 고통으로 인해 온 나라가 몸살을 앓고 있습니다. 교육은 더 이상 가난의 대물림을 끊어낼 기회의 땅이 아닙니다. … 한해 150명 이상의 학생들이 입시지옥으로 자살하고2004년 4월 1일자 내일신문 기사, 사교육비 부담으로 부모들의 시름은 깊어 가는데, 얼마나 많은 아이들과 부모들이 더 고통을 받아야, 이 살인적 입시 경쟁의 불길이 꺼질지 알 수가 없습니다.

참으로 희한한 것은, 국민 모두가 다 피해자이면서도 유독 교육문제에 관한한 어쩔 수 없다 체념한다는 것입니다. 학벌과 대학의 횡포, 유교적 관행, 질 낮은 공교육과 모순투성이 대입제도... 그 모든 것이 생물처럼 교묘하게 맞물려 작동하는 이 괴물 앞에서 국민들은 항거할 생각을 하지 않습니다. … 이제 국민들이 일어설 때입니다. 국민들은 방관자들이 아니라 문제 해결의 주인입니다. 주인이 자기 문제에 눈을 뜰 때, 돕는 사람도 흥이 나는 것입니다. 이런 문제의식으로 '사교육걱정없는세상'이라는 새 운동이 곧 시작됩니다."

사교육이라는 것은 잘못된 국가와 교육정책으로부터 출발하지만, 학부모와 학생 등 교육주체들의 무지와 욕심으로 빚은 몫이 또한 크다. 그래서 사걱세는 교육제도 전반 및 입시사교육문제의 심각성과 폐해를 알리는 것뿐 아니라, 이에서 벗어나려는 교육주체들의 의지를 북돋고 서로 격려하기 위한 다양한 활동을 벌여, 실제로 사교육에 의존하지 않는 교육 현장들을 넓혀가고 있다. 학부모교육을 위한 '등대지기학교'가 있고, 이러한 교육 강좌를 들었지만 여전히 일상에서 다시 부딪히는 한계들을 서로 나누고 격려하며 일으켜 세우려는 '지역등대모임'도 진행하고 있다. 사걱세 창립 10년을 맞는 2018년 7월, 지난 10년 동안 회원으로 참여한 4,500명을 대상으로 실시한 사교육 절감 연구 결과, 회원들 50.7%가 사교육비가 절감하였다고 응답하였다고 한다.

② 법 및 법률가 운동

기독법률가회http://www.clf.or.kr 역시 기윤실의 창립과 더불어 함께 했던 기독법률가들이 기윤실 활동의 법률지원을 돕는 일로부터 시작하여 자연스럽게 맺은 열매다. 이들은 기독법률가로서 하나님나라 세계관에 입각한 보다 전문적인 법률 활동을 고민하게 되었고 1995년 기윤실 법률가모임이라는 이름으로 형태를 갖추기 시작한다. 여기에 더 많은 법률가들이 합류하면서 이들은 마침내 보다 전문적인 활동을 목표로 기윤실에서 독립하여 1999년 기독법률가회본 명칭은 '예수를 사랑하는 변호사 모임'를 창립하기에 이른다.

기독법률가회는 하나님나라의 공평과 인애의 정신이 법 현장에서 어떻게 구현되어야 할까를 고민하고, 또 법률구제 서비스에서조차 소외된 이웃들의 사정을 하나님의 법정신으로 구제하려는 현장 활동에 적극 참여해 왔다. 이는 사회선교운동의 다양한 현장들에서 벌어지는 법률관계를 지원하는 일들로 뒷받침되어 인권탄압 및 노동탄압, 교회개혁현장의 다툼, 철거민과 도시서민 등의 아픔에 함께해 왔다.

또한 이들은 현역 법률가 뿐 아니라 법대생 등 예비법률가의 육성과 훈련도 중요하게 여겨 지속적인 연계를 시도하고 있고, 2009년 창립 때부터 매년 실시하고 있는 기독법률가대회는 2018년으로 벌써 10회째를 맞고 있다. 창립부터 지금까지 중심적인 역할을 맡고 있는 전재중 대표와 오랫동안 사무국장과 사회위원회를 맡으며 2014년 세월호대책위원회 대변인 직을 맡기도 했던 박종운 등이 참여하고 있다.

서울공익법센터APIL/http://apil.or.kr는 기독법률가회 사무국장을 지냈던 김종철 변호사 등이 이주민, 난민, 장애인 등에 대한 더 전문적이고 체계적인 공익활동을 위해 2011월 설립한 비영리단체다. 서울공익법센터 APIL이 2기 인턴모집을 하며 올린 글이 자신들의 사명과 활동을 가장 잘 설명한다고 보고 인용해 본다.

"서울공익법센터APIL가 중점을 두고 있는 사업은 한국에 강제로 이주된 사람들인 난민과 인신매매 피해자들이 법의 보호를 받을 수 있도록 하는 것과 아울러 외국에 진출한 한국기업들이 인권과 환경을 존중하도록 하는 것입니다. 서울공익법센터APIL는 이러한 일을 하기 위해 직접 소송을 수행하고 공익활동을 매개할 뿐 아니라 궁극적으로는 정책제언과 입법운동을 통해 제도 개혁을 추구하고 있습니다."

서울공익법센터는 2018년 불거진 예멘난민 신청자들의 왜곡되지 않는 입장을 알리고, 한국사회에서 받아들여져 잘 정착할 수 있도록 돕는 활동에도 적극 참여했다. 참고로 김종철 변호사의 아내 박진숙이 이주민여성의 자립, 치유, 한국생활 적응 등을 목적으로 세운 문화, 경제공동체 '에코맘므'https://www.ecofemme.or.kr/도 소개한다.

(6) 공동체 및 대안운동

인류가 존재한 이래 사람들은 끊임없이 '과연 어떻게 사는 것이 옳은 길이냐?'를 찾아왔다. 매우 오랫동안 사람들은 그것을 어떤 제도국가나 민족, 종교, 이념에서 찾았다. 그러나 그것의 다양한 모습들이 거듭된 실망을 안기자, 사람들은 다시 모든 제도와 틀을 거부하고 혼자만의 자유와 만족을 추구하기 시작했다. 이 모든 극단을 경험한 사람들은 또 다른 대안들을 찾기 시작했고, 그 과정에서 공동체에 대한 가치를 재발견하게 되었다.

한국개신교에서도 공동체의 역사는 제법 길지만 그 중에서도 대천덕 신부에 의해 1965년 설립된 예수원, 최일도 목사로부터 1989년 시작된 다일공동체, 성인경 목사 등이 1990년 설립한 한국라브리, 그리고 영성공동체

들이 곳곳에서 기운을 뿜어내고 있다. 그러나 여기서는 복음주의 사회선
교운동과 직접적인 관계가 있는 활동의 소개에 집중하려고 한다.

● 밝은누리 http://www.welife.org

밝은누리는 1991년 총신대 학생들이 중심이 되어 만든 '새날을 사는 사
람들'이라는 작은 동아리로부터 시작되었다. 이들은 투쟁과 이념 중심의
대학생운동을 극복하고 '하나님나라의 총체성 구현과 대안적 교회공동체
를 지향'하려는 목표로 삶과 실천, 배움을 꾸준히 연마해 갔다. 이러한 목
표는 학생시절의 꿈으로 그칠 수 없기에 졸업 후에도 결혼, 출산, 육아, 교
육, 그리고 교회라는 공동체의 삶과 운동으로 함께 했다.

이를 위해서 이들은 수유리를 삶의 터전으로 삼아 마을공동체로 발전하
였고, 또 다양한 실천 활동들에 참여하고 연대하며 저변을 넓혔다. 세상은
권력으로, 재물의 힘으로, 뛰어난 재능과 성취로 행복을 독점하려 하지만,
하나님나라는 '먹고 입고 자고 즐기는 생활양식, 결혼임신출산육아, 공부
수련, 치유, 교육, 노동, 놀이 등 구체적인 일상생활 속에서'밝은누리를 일구며 … 밝은누
리 소개, 최철호, 2006.08.16. 증언하는 것이다. 그리고 그것은 '개인이나 가정 단
위에서 가능한 일이 아니라' '마을이라는 관계망 속에서 가능한 일'이다.

이를 위해 이들은 '서울 강북 북한산 아랫마을과 강원도 홍천 아미산 아
랫마을, 경기도 군포 수리산 아랫마을에서 마을을 회복하며 더불어' 산다.
이를 통해 '농촌과 도시가 상생하는 삶을 회복'함으로써 '한반도 영구평화
지대, 동북아생명평화'를 선취하고 증언하려는 꿈을 꾸고 있다. 밝은누리

는 이러한 꿈을 실현하기 위해 매우 다양한 영역과 과정을 운영하며, 또 계속 만들어가고 있다.

교육공동체인 밝은누리움터 안에는 육아 어린이집과 마을초등학교 등의 마을배움터, 생동중학교^{홍천}, 삼일학림^{홍천} 등이 있고, 하늘땅살이움터는 생활영성수련원과 농생활^{農生活}연구소가 있다. 하나님나라 공동체인 교회를 시작하려는 목회자와 성도들을 지원하고, 협력하기 위한 훈련기관으로 공동체지도력훈련원을 운영하고 있다. '일상생활과 역사 현장에서 하나님나라를 일관성 있게 고백하고 실천하는 기독청년 지도력 양성을 목적으로' 기독청년아카데미를 함께 만들어 운영하고 있다. 이러한 모든 가치와 활동은 세상과 사회와 소통하며 계속 실천되어야 하기에 시민사회단체 NGO인 생명평화연대도 설립해 활동하고 있다. 사회적 협동조합 생태건축 흙손과 마을찻집인 마주이야기, 고운울림도 운영하고 있다. 공동체가 가질 수 있는 폐쇄성과 독단성을 늘 경계하며 이웃과 벗들의 소리를 경청하여, 하나님나라를 총체적으로 살아가는 공동체로 더 든든히 서기를 기대한다.

● 얼굴있는거래^{http://www.efairtrade.co.kr}

2000년대 이후 공정무역이라는 말이 대중화되었다. 자본주의 상품경제, 그 중에서도 무역이라는 게 이득만 추구하기 쉬운데, 생산자와 소비자, 그리고 유통자 모두의 이해를 대변하는 공정한 무역구조를 고민하며 만들어낸 새로운 시스템이다. 이후 공정무역운동은 이제 많이 확산되었고, 규모도 꽤 커졌다.

그 가운데 얼굴있는거래는 기청아 강좌를 통해 사회적 회심을 한 구명기 사장이 만들어 운영하는 공정무역회사다. 여전히 작지만, 공정무역으로부터 시작해서 팔레스타인 평화운동과 공정여행으로, 또 수익금으로 광명지역 이웃들을 후원하는 카페로, 그리고 성서한국운동까지 꾸준히 참여하며 '얼굴이 있는' 곧, 책임 있는 거래를 하겠다는 초심을 지켜가고 있다.

3. 사회선교운동 연합사령부: 성서한국 http://biblekorea.org

하나님나라 일은 참 오묘하다. 생각해 보면 너무 엄청난 일이라 감히 아무도 입을 열어 함께 해보자 말을 꺼내기도 부담스러운 일들도 때가 차면, 별스럽지 않은 계기들을 통해 일어난다. 그래서 누구도 으스댈 수 없지만, 그래도 때에 맞춰 작은 순종으로 응답하는 일꾼들을 통하여 역사는 일어난다. 성서한국운동도 그랬다. 앞서 살펴본 대로 1990년대 초 복청학련 결성과 좌초 이후 10년 가까운 세월동안 복음주의 사회선교운동은 개별영역으로 나누어져 각자도생의 외로운 길을 걸어야 했다. 그럴수록 연합운동에 대한 갈증은 더욱 커져갔지만, 그렇다고 누군들 한번 해보자고 선뜻 일어나기는 어려운 입장이다. 그런데 2000년대에 들어서며 드디어 그 움직임이 시작된다.

(1) '성서한국' 이름으로 다시 모이다.(준비기)
대학촌교회 박영범 목사는 같은 교회 전도사 시절 이미 대학기독신문에 참여하면서 초창기 복음주의 사회선교운동을 경험했다. 98년 대학촌교회 담임목사로 취임한 후, 초창기 운동을 기억하며 2002년 몇몇 기독단체 및 활동가들에게 성서한국을 꿈꾸는 수련회를 함께 개최하자고 제안했다. 놀라운 것은 이들이 사회선교연합운동의 재개를 제안하면서, 그 운동을 '성서한국'이라고 부르기 시작했다는 점이다.

왜 성서한국인가? '성서한국'이라는 이름은 한국교회사에 독특한 의미가 있다. 초기 기독교 선각자 중 하나였던 김교신 선생1901-1945은 일제시대 암울한 조선을 살리는 길은 오직 하나님의 말씀인 성서의 기초 위에서 조국을 다시 세우는 것이라고 믿었다. 그래서 1927년 "조선을 성서 위에"라는 정신 위에서 함석헌 등과 '성서조선'이라는 잡지를 발행하여 많은 영적 동지들에게 큰 울림을 주었다. 그러나 당시 시국상황을 빗댄 '조와弔蛙'라는 글이 빌미가 되어 1942년 강제폐간 되었다. 그러한 '성서조선'의 정신은 그 후에도 조국이 당한 풍전등화 같은 현실을 성서로 깨우자는 다짐으로 살아남아 면면히 이어지고 있었다.

특히 1980년대 들어서는 주로 이승장, 김진홍, 홍정길 등에 의해 한국을 다시 일으킬 비전으로 설교된 성서한국, 선교한국, 통일한국 등 3한국 비전이 널리 공유되고 있었다. 그 가운데 세계로 선교하는 한국을 꿈꾸며 1988년 선교한국운동이 가장 먼저 시작되었다. 그 바탕 위에서 10여년이 흘러 2002년 성서한국운동을 제안하게 된 것이다. 성서한국운동은 하나님나라의 총체적 복음 안에서 특별히 '그리스도인의 사회적 책임'을 스스로의 임무로 부여하였다. 그래서 성서한국의 모토는 처음부터 '사회적 책임에 대한 그리스도인의 대답'이다. 대학촌교회의 제안으로부터 시작된 제1회 성서한국수련회를 비롯해 이 시기 성서한국운동의 주요 흐름을 살펴본다.

- 제1회 성서한국수련회

"함께 일어나 건축하자." 2002.6.27-29, 할렐루야교회, 100여 명:

주요순서-개회예배 박영범 목사, 성서한국을 위한 기독인의 현실인식 유은상 기독교한국문제연구회 회장, 의료계의 성서한국 백은성 한국누가회 대표간사, 한국 법조계와 하나님나라운동 전재중 CLF 실행위원장, 성경과 과학 이웅상 명지대 교목실장, 저녁집회 김상복 목사, 이중표 목사, 교육계의 위기와 기독교사의 사명 송인수 기독교사연합 상임총무, 하나님나라에서 학문활동의 의미 김승욱 기독교학문연구소 실행위원장, 내 증인이 되리라 직장성경공부모임 제5지구 대표, 경영계에서의 성서한국 황호찬 기독경영연구원, 성서한국을 위한 기독인의 윤리적, 문화적 실천운동 권장희 기윤실 문화소비자운동본부 총무, 정치를 성서 위에 윤환철 공의정치포럼 사무국장

- 기독단체 대표자 수련회 2003.2.12-15, 설악한화리조트, 30여 명

- 제1회 성서한국포럼

"성서를 한국에, 한국을 성서위에" 2003.9.25-26, 서울대 문화관, 200여명

- 제2회 성서한국수련회

"성서 위에 한국을 재건축하자!" 2004.1.12-15, 광성수양관, 350여 명

- 제2회 성서한국포럼

"기독교사회운동 어떻게 할 것인가?" 2004.12.14, 이화여대 교육문화관, 120여 명

이들은 매년 포럼과 수련회를 진행하면서 더욱 자신감을 갖기 시작하였고, 2003년 4월부터는 매월 성서한국기도회를 열어 함께 기도하기 시작했다. 2004년 봄부터는 성서한국 사무국을 만들어 이은창전 새벽이슬 간사, 윤은주현 평통연대 사무총장가 사무국장을 이어 맡았고, 대회를 시작하면서는 대학촌교회 출신 최은상희망정치시민연합 사무총장이 사무처장을 맡게 되었다.

(2) 성서한국대회의 시작 (제1기)

성서한국의 이름으로 몇 해에 걸쳐 진행된 수련회 및 포럼을 통해 가능성을 확인한 목회자와 활동가들은 2005년 들어서 보다 전문적이고 상설적인 조직과 운영을 결의하기에 이르렀다. 뜻에 함께하기로 한 단체와 교회들이 이미 수십 개가 넘었고, 각 단체 및 교회에서 파견된 대표들의 헌신을 확인한 상태였다. 따라서 이들은 짧은 시간동안 집중적으로 모여 논의한 끝에 매년 전국적 차원의 성서한국대회를 열어 하나님나라와 사회선교운동의 바람을 일으킬 것을 결의할 수 있었다. 대회의 결의와 동시에 성서한국은 스스로에 대해 이렇게 자리매김했다.

성서한국은,

복음으로 민족과 사회를 새롭게 하기 위하여, 그리스도인들이 사회 각 영역에서 부르심에 합당한 삶을 살도록 돕고, 사회적 사명에 헌신할 다음 세대를 발굴, 동원, 훈련, 지원, 파송하는 하나님나라 운동이다.

성서한국의 목표는,

- 성서한국은 정치, 경제, 사회, 문화 등 모든 영역에 걸쳐 성경에 입각한 대안과 비전을 제시한다.
- 성서한국은 전도와 양육을 넘어 사회적 책임을 감당하는 운동으로, 직업을 통한 사회적 책임과 시민으로서의 사회적 책임을 동시에 감당한다.
- 성서한국은 일차적으로 청년대학생 중심의 운동으로 시작하며, 청소년과 직장인들까지 그 영역을 점차적으로 확대해 나간다.
- 성서한국은 각종 포럼과 세미나 그리고 영역별 그룹 모임 등을 통해 성경에 입각한 이론 및 교육 프로그램을 특성화시키고 구체화해 간다.

성서한국의 성격은,

- 사회선교운동 Social Mission Movement : 성서한국은 그리스도인이 사회적 책임을 감당함으로써 균형 잡힌 그리스도인의 삶을 살도록 돕는 사회선교운동이다.
- 교육.지원운동 Education & Support Movement : 성서한국은 사회적 책임을 감당하도록 교육하고 필요한 자원을 지원하는 교육.지원운동이다.
- 대중운동 Mass Movement : 성서한국은 소수의 뜻있는 사람들이 참여하는 결사체 운동이 아니라 평범한 대중이 참여하는 대중운동이다.
- 연대운동 Network Movement : 성서한국은 참여하는 개인이나 단체, 교회가 함께 동역하고 서로를 세워줌으로써 하나님 나라를 이루어가는 연대운동이다.

그리고 이들은 믿음과 열정으로 불과 몇 개월 만에 1,000명 규모의 대중

대회를 준비하기로 한다. 바로 **2005**년 첫 번째 성서한국 전국대회다. 개념과 방식, 운영경험도 없는 사람들이 앞서 운영된 선교한국운동의 경험들을 참고하며 조직을 꾸리고, 강사를 섭외하고, 돈을 모으고, 홍보하고, 참석자들을 찾아내기 위해 발로 뛰었다. 정말 짧은 기간에 천지개벽 같은 일이 일어난 것이다.

- 2005 성서한국대회

"사회적 책임에 대한 그리스도인의 대답" 2005.8.1-5, 침례신학대학교, 950여 명

이어 성서한국대회를 통해 확인된 뜨거운 관심을 정치영역의 참여로 확산하고자 마련한 세 번째 성서한국포럼은 현역 정치인들과 청년들의 만남의 자리로 준비되었다.

- 제3회 성서한국포럼 "기독청년의 정치참여-정당정치와 생활정치 영역에서" 2005.12.12, 이화여대 교육문화관, 130여 명

제1부 주제 강의 -기독청년의 정치 참여 현황 및 전망 - 백종국 성서한국지도위원, 경상대 정치학교수

제2부 분과모임 -기독청년의 정치 참여, 그 현장 이야기 - 강문대 새터교회, 민노당 의원 보좌관, 김영이 은혜공동체교회, 열린우리당 청년위원회, 김현곤 중랑제일교회, 청와대 기획조정비서관실, 도정호 대학촌 교회 청년부, 열린우리당 법률지원단 부장, 이창림 강북제일교회, 초록정치연대, 홍준호 고척교회, 민주노동당 구로구의원

제3부 패널토의 – 기독청년의 정치 참여 현황 및 전망 – 박주현 남서울은혜교회, 전 청와대 국민참여 수석, 백종국 지도위원, 경상대 정치학 교수, 유은상 대학촌교회,서울여대 정치학 교수, 원희룡 광야교회, 한나라당 의원

2005년 첫 번째 전국대회를 준비하던 당시에 주최 측은 격년제 대회를 구상했다. 그러나 2005년 대회를 평가하는 자리에서 주최 측은 매년 전국 대회를 진행하되, 똑같은 일상적 관성에 빠지지 않기 위해 2006년에는 또 다른 실험을 시도하기로 한다. 즉, 주 집회만이 아니라, 다양한 주제 강의 들과 부스, 활동가들과의 만남 등으로 각 영역운동들을 널리 소개하고, 가 족단위의 참가자들을 위하여 어린이캠프를 진행하고, 이를 통해 전 세대 성서한국운동으로 넓혀가자는 시도다. 그래서 2006년 대회는 장소도 가 족들의 여름휴가를 염두에 두고 무주리조트로 잡았다.

– 2006 성서한국 영역별대회

"사회적 책임에 대한 그리스도인의 대답" 2006.7.26-29, 무주리조트, 1000여 명

세 번째 전국대회를 맞는 2007년에는 더욱 파격적인 실험을 시도한다.

모든 영역이 다 중요하지만, 특히 분단시대를 살고 있는 한국의 그리스 도인으로서 평화와 통일의 주제야말로 가장 우선적으로 품어야할 과제라 믿고 통일영역 성서한국대회를 구상한 것이다. 단지 평화와 통일의 필요 성을 원론적으로 묻는 것이 아니라, 이 과제가 우리나라 정치, 경제, 사회,

문화, 환경, 종교 등 각 영역에 어떤 의미를 주고 있고, 또 어떤 변화를 일으켜야 하는지를 다양하고, 깊게 파헤쳐보자는 것이다. 이를 통해 선교한국운동, 성서한국운동에 이어 통일한국운동이 시작되기를 기대한 것이다.

그러려면 성서한국 운동가들이 먼저 준비될 필요가 있었다. 그래서 일반인을 위한 2007년 전국대회에 앞서, 성서한국운동을 함께 맞들고 있는 단체, 교회, 활동가들을 위한 내부 수련회 성격의 성서한국 통일비전컨퍼런스를 먼저 개최한다. 여기서는 통일선교사라는 개념을 처음으로 제안하여 많은 호응을 얻어냈다.

〈2007 성서한국 통일비전컨퍼런스〉

- 일시 : 2월 22일~24일
- 장소 : 강화도 성산예수마을

이에 힘입어서 2007년 7월 강원대학교에서 성서한국 통일대회를 진행하였다.

- 2007 성서한국 영역별통일대회 "준비된 통일에 대한 그리스도인의 대답" 2007.7.24~28, 강원대학교, 600여 명

참가자 숫자로만 보면 이전보다 많이 적었다. 대회를 치르면서 분단시대가 일상이 되어 버린 한국사회에서 통일이라는 주제는 여전히 우리의

관심에서 멀게 느껴진다는 것을 확인하였고, 대회 적자폭도 적지 않았다. 그러나 깊이 들여다보면 여전히 피부로 느껴지지 않는 통일이라는 주제임에도 500명이 넘는 청, 장년이 참여한 대회가 치러졌다는 것은 전무후무한 일일 것이다. 더구나 대회를 치르고 난 얼마 후인 그해 10월, 2차 남북정상회담이 열린 것을 생각한다면 2007년 통일대회에서 드린 민족을 위한 기독청년들의 기도는 결코 헛되지 않았다는 것을 느낀다.

③전국적 대중성과 현장성을 위한 노력 (제2기)

성서한국수련회 실무로부터 시작하여 성서한국대회를 잘 안착시키는 데까지 수고한 제1기 사무국을 대신하여 2008년 제2기가 출범하면서 성서한국운동은 구조와 내용에 있어 또 한 번 새로운 변화를 시도한다.

① 정관규약 확정과 조직분화

2005년 첫 대회로부터 2007년까지 3년에 걸쳐 1000명에 가까운 대중대회를 몰아오다보니 자신감이 붙었지만 동시에 의사소통의 활성화와 조직정비의 필요성이 대두되었다. 지금까지 모든 단체, 교회 대표자들이 함께 섞여 원칙과 정신, 재정, 조직, 동원 등 모든 것들을 다 논의하다보니 피로감과 소통의 어려움이 많았다.

그래서 2008년 2기의 출범부터는 성서한국을 대표하며, 재정을 책임지는 이사회와 실무운영을 논의하며 집행하는 집행위원회로 나누었다. 이사회는 각 단체, 교회의 시니어 대표자들이, 집행위원회는 그 실무책임자들

이 맡아 분화되니 훨씬 효율적이고, 상시적인 전달체계가 만들어졌다. 또
이 모든 정신과 운영, 조직 등을 명문화하여 정관에 담았다.

② 성서한국 지역대회와 지역운동의 활성화

세 번의 전국대회를 통해 전국 곳곳에서 찾아온 참여자들의 열정을 목
격하는 것은 정말 감동이었다. 그러나 이들이 막상 대회를 마치고 자기자
리로 돌아가고 나면, 다시 혼자라는 외로움과 운동을 함께할 수 없다는 막
막함에 시달리곤 했다. 그러나 이미 복협, 복청, 복청학련 운동을 거치면서
시작된 지역 곳곳에서의 자생적 사회선교단체 및 활동가들이 이때가 되면
적지 않게 눈에 띄었고, 이들을 대회 지역참가자들과 연결해 준다면 모두
에게 매우 유익할 것이 확인되었다.

이러한 이유로 2008년부터 성서한국 전국대회는 홀 수년에 실시하고^선
발주자인 선교한국대회가 이미 1988년부터 짝수년도 대회를 진행하고 있으므로 그것을 피해서, **짝수년**
도에는 성서한국 지역대회를 진행하는 것으로 과감히 변경했다. 지역대회
는 먼저 성서한국대회를 치를 의사가 있는 지역과 조직, 활동가들을 확인
하여 서울사무국과 함께 기획, 조직, 재정마련, 섭외와 진행까지 감당했고,
이 원칙은 대체로 무난하게 지켜져 왔다. 뿐만 아니라 대회 강의와 참여단
체들도 최대한 그 지역을 우선하여 찾아내었고, 이를 통해 지역운동의 역
량이 많이 발전하였다. 그렇게 해서 2008년 첫해에 100-200명 규모의 한
동대, 인천/부천, 부산 등 모두 3개 대회를 치렀고, 이 전통은 지금까지 이

어지고 있다.

그리고 이를 통해 길러진 역량을 바탕으로 성서한국본부와 수평적 연대협력관계를 맺는 지역연합조직이 만들어져 지금도 다양하게 협력하고 있다. 성서광주 http://biblegj.tistory.com, 성서대구 http://cafe.daum.net/bibledaegu, 성서대전 http://bibledj.net, 성서한국부산연대 2008년부터 2017년까지 진행된 전국 및 지역 대회 등의 진행상황을 살펴보면 다음과 같다.

〈2008년〉

● 2008 성서한국 지역별대회

- 한동캠퍼스 대회 "청년! 하나님나라의 가능성을 보다" 2008.6.23-25, 한동대학교, 180여 명

- 인천/부천대회 "청년! 세상을 사는 하나님의 아들" 2008.7.17-19, 서울신학대학교, 150여 명

- 부산대회 "사회적 책임에 대한 그리스도인의 대답" 2008.10.3-5, 부산중앙교회, 120여 명

2009년 들어 새롭게 시도한 것은 기독활동가대회다. 기독운동의 현장 노동자로 온 몸으로 수고하면서도 무대 뒤에서 행사를 빛내는 조연으로 머물러 온 기독활동가들 자신을 위로하고, 자기 목소리를 내고, 맘껏 환대받도록 마련한 행사로 지금까지 대개 격년제로 진행하고 있다.

〈2009년〉

● 제1회 기독활동가대회 '다 같이 돌자, 동네 한바퀴 -'

  » 목적

    – 기독시민운동의 의미와 정체성을 점검하고 향후 운동 과제 및 발전 방향을 모색한다.

    – 기독활동가들의 재충전 및 연대의 장을 제공한다.

  » 행사 개요

    – 일시 : 2009년 2월 20일^금 – 21일^토

    – 장소 : 봉도 청소년 수련원^{우이동}

  » 주요 프로그램

    – 집단 지성으로 토론하기 "기독운동, 이렇게 생각한다."

    – 기독활동가 요리조리 Contest

    – 특강 "말이 통하는 기독교 운동"^{이의용 교수}

    – 도움 상회 활동 노하우, 토론 주제를 다른 사람들과 공유

    – 세대별, 세대간 활동가들의 대화

    – Bonus!! "활동가 월드컵"

● 2009 성서한국 전국대회 "진정한 회심에 대한 그리스도인의 대답 '회심 2.0+2.5'" ^{2009.8.3-7, 명지대학교 용인캠퍼스, 840여 명}

〈2010년〉

● 2010 성서한국 지역별대회

- 전주대회 "세계관을 넘어 하나님나라의 삶으로" 2010.8.9~11, 만경수련원, 90여 명

- 대구대회 "하나님의 나라와 지역사회 선교, 그리고 교회" 2010.8.19~21, 경일대학교, 240여 명

- 인천부천대회 "부르심! 당신을 향한…" 2010.9.30~10.2, 인천새빛교회, 50여 명

〈2011년〉

- 제2회 기독활동가대회 "우리 동네 반상회" 2011.2.14~15, 가평 필그림 하우스

- 2011 성서한국 전국대회 "회심ING" 2011.8.1.~4, 침례신학대학교, 420여 명

〈2012년〉

● 2012 성서한국 지역별대회

- 광주대회 "하나님나라 삶으로 Log-in!" 2012.8.23~25, 호남신학대학교, 110여 명

- 대전대회 "복음과 교회" 2012.8.23~25, 복음신학대학원대학교, 70여 명

〈2013년〉

- 2013 성서한국 전국대회 "같이" 하나님나라와 청년공동체 2013.8.7~10, 연세대학교 원주캠퍼스, 990여명

〈2014년〉

● 2014 성서한국 지역별대회

– 인천부천대회 "그리스도인 됨! 그리고 교회됨!" 2014.7.24-25, 교육문화공간 담쟁이숲

– 대전 대회 "신의 선물 소통" 2014.8.21-23, 배재대학교 아펜젤러 기념관

– 대구대회 "기독청춘들의 반란, 애굽을 떠나 하나님나라로" 2014.7.14-16, 경일대학교

– 제 3회 기독활동가대회 "쉼" 2014.11.6-7, 너리굴문화마을

〈2015년〉

– 2015 성서한국 전국대회 "더불어 한몸 유쾌한 세상살이" 2015.8.5-8, 건양대학교 논산창의융합캠퍼스

– 제 4회 기독활동가대회 "기독운동 전체의 기운을 느껴라" 2015.12.10-11, 팀비전센터

〈2016년〉

– 하나님나라 공동체 수련회 "청년 함께" 2016.7.6-9, 침례신학대학교

– 성서광주 수련회 "청년 예수로 광주 살기" 2016.8.8-10, 곡성 소망의언덕

– 제 5회 기독활동가대회 "익숙하지만 잘 몰랐던" 2016.10.20-21, 서울여성플라자

〈2017년〉

– 2017 성서한국 전국대회 "청년이 묻고 소명이 답하다" 2017.8.2-5, 건양대학교 논산창의융합캠퍼스

〈2019년〉

– 2019 성서한국 전국대회 "오늘 여기에서 복음을 묻다" 2019.7.31-8.3. 한국성서대학교

③ 사회선교운동의 전국 동역자들

잊지 말아야 할 사람들이 있다. 전국 곳곳에서 자기 지역을 섬기며 고군분투하는 사람들이다. 아무리 '요즘시대에 운동하기가 힘들다' 해도 모든 자산을 빨아들이는 진공청소기 같은 서울과 수도권은 여전히 다양한 분야, 다양한 운동가들이 자기 전문영역에 집중할 수 있다. 그러나 수도권 이외 지역들은 다르다. 소수의 인원이 그 지역에서 일어나는 다양한 현안들을 다 다뤄야 하거나 심지어 전국적 이슈에까지 원정 와서 참여해야하는 경우가 다반사다. 사회선교운동의 대중화 뒤에는 그들의 수고와 헌신이 있음을 기억해야 한다.

대전/충청: 대전, 충청지역은 다른 지역에 비해 복음주의 사회선교활동의 역사가 그리 길지는 않다. 오히려 성서한국이 전국의 중간지대인 침례신학대학교에서 2005년 첫 대회를 개최하면서 중부권 활동을 만들어간 면이 있다. 대전/유성이 아무래도 대학과 카이스트, 기업 연구원 등 젊은 이들이 많은 곳이라 초창기에 장갑덕 목사카이스트교회의 참여가 활발했고, 크리스챤과학기술인포럼도 성서한국운동에 꾸준히 참여해 왔다.

독특한 것은 대전에 침신대가 있어서인지 메노나이트 성향의 평화운동에 꾸준히 참여하는 침례교 목회자들이 눈에 띤다. 전남식 목사꿈이있는교회

담임는 다양한 평화운동에 참여하며 그와 관련된 책들을 꾸준히 번역하고 있고, 깊이 있는 기독지성사의 전통을 갖는 대장간출판사를 운영하며 출판과 하나님나라운동을 연결하는 배용하 대표^{평화누림교회 담임}의 열정도 꾸준하다. 이제는 서울로 근거지를 옮겼지만, 2012년부터 지금껏 이어오는 성서대전대회는 느헤미야 배덕만 교수의 헌신 가운데서 뿌리를 내릴 수 있었다. 2016년부터는 느헤미야 대전캠퍼스가 개설되어 한 학기에 두 과목씩 진행하여 2018년에는 첫 입문과정 수료생이 배출되었고, 이제는 심화과정까지 운영하고 있다. 어디에나 일의 열매가 맺으려면 모든 현안을 내 일처럼 발로 뛰며 엮어내는 사람이 있어야 하는데, 대전에서는 김신일 목사^{가까운교회 담임}가 그런 사람이다. 성서대전, 느헤미야 대전캠퍼스 등 복음주의운동 뿐 아니라, 책방운영을 통해 지역문화운동에 참여하고 있고 대전, 충청권 사회, 노동운동 현안에도 적극 참여하고 있다.

광주/호남: 개신교세가 강한 호남의 전통처럼 힘든 여건에서도 하나님나라와 사회선교운동의 흐름을 잘 계승하는 교회, 목회자들이 적지 않다. 광주의 하태식 목사^{CMF간사}, 노민호 목사^{광주새삶교회 담임}는 오랫동안 광주에서의 다양한 사회선교활동들을 기획하고, 조직하고, 연대하는 일에 헌신하였고, 특히 임형석 선생^{정읍아산병원 의사} 등과 함께 현대기독교아카데미^{현대기독연구원} 과정을 이식하여, 지속적으로 사회적 제자도 학교를 열어 왔는데, 이 조직은 이후 성서광주의 발판이 되었다. 김의신 목사^{광주다일교회 담임}는 성서광주를 통해 이 운동의 든든한 힘이 되고 있고, 주로 IVF 출신의 젊은이들과 공동체교회를 세운 박근호 목사그루터기교회 담임도 활발한 수고를 하고 있고, 박대영 목사광주소명교회 담임도 대안적 목회자훈련을 위한 '아카데미 숨과 쉼숨과쉼'에 참여하고 있다. 전주와 전북지역에서는 전북학복협, 남북나눔운동과 민족화해, 통일운동의 저변을 넓히며 든든한 텃밭이 되어준 이광우 목사전주열린문교회 담임와 신학생운동과 두레공동체운동을 거쳐 전인적 치유를 통한 총체적 선교 활동에 힘쓰는 이박행 목사보성 전인치유선교센터 대표도 기억해야 한다.

부산/경남: 보수성이 강하고 기독교세가 비교적 약한 이 지역은 교회를 바탕으로 한 활동보다는 오랫동안 서로 뜻을 맞춰온 활동가들의 수고가 두드러진다. 이 지역 활동 소개는 김현호가 직접 보내준 글을 거의 그대로 살려서 소개해 본다.

 – 부산교회개혁연대:2006년 김현호, 류의근신라대 철학과 교수, 안현식동명대 교수협의회 의장, 박형수, 정병철, 박창진 등 지역의 교회개혁에 관심 있는 평신도와 목회자들과 연대하여 공부하고 교회정관운동, 교회재정투명성, 교회세습반대, 종교개혁 기념포럼 등을 진행해 왔다. 황창기 교수전 고신대 총장, 신문궤 교수영남신학교, 한성국 목사평화교회, 박용환 목사햇불교회, 안하원 목사새날교회 등이 전문위원으로 헌신해 오고 있다. 특히 교회와 사회적 이슈가 있을 때마다 전문가들을 초청하여 대안찾기에 힘쓰고, 2008년에는 종교개혁 491주년을 맞아 '98한국교회개혁선언을 강화시킨 '한국교회개혁 95개조 선언'을 발표하기도 했고, 종교

개혁가 얀 후스 600주년 기념대회를 열고 종교개혁 500주년을 앞둔 개혁과제를 정리하기도 했다.

- 성서한국부산연대:2008년부터 시작되어 류의근, 김현호, 이재안부산 동구쪽방상담소 간사, 손정호전 성서한국 간사, 안현식, 곽동철 등 평신도들과 최현범 목사부산중앙교회, 부산기윤실 공동대표를 중심으로 일부 목회자들이 참여하여 부산지역 성서한국운동을 이끌어 오고 있다. 그동안 탈핵운동, 한진중공업 정리해고, 고리원전 재가동반대, 도시빈민보호, 쥬피터 프로그램 반대 등 현장에서 시민단체들과 함께 참여하였고, 성서한국 전국대회에 지역 청년들을 보내는 등 부산 복음주의 운동에 참여하고 있다.

- 기독교문화운동:1994년에 시작된 기쁨의집대표 김현호은 열악한 부산지역 기독교문화운동의 한 축으로 사역을 진행해오고 있다. 기독교 전문서점을 운영하면서 기쁨의집 문화강좌, 목요크리스천포럼, 기독청년아카데미을 통해 기독시민의 교양과 기독교세계관을 학습하는데 집중하였다. 이를 통해 부산지역 복음주의 운동가들을 집합시키는 기회를 만들었다. 사랑별독서학교, 시인윤동주의 밤과 기쁨의집독서캠프는 20여년 동안 기독지성운동의 풀씨를 나르는 일을 했고, 최근에는 건강한 작은교회를 위한 목회자비전모임으로 작은교회운동을 진행하고 있다. 하나님나라를 시로 담아 노래하는 가수 박보영좋은날풍경, 독서운동으로 하나님나라를 섬기는 김기현 목사로고스교회 담임, 로고스서원 대표의 활동도 기억해야 한다.

- 부산예수살기:2008년부터 시작된 이 모임은 진보진영의 목회자들과 복음주의권 평신도들이 함께 시작되었다. 이들은 그리스도의 가르침을 실천하는데 교파

와 성직과 성별을 구분하지 않고 지역의 행동하는 신앙의 모습을 보여주려고 힘써왔다. 복음주의권에서는 김현호, 류의근, 안현식, 이재안, 정병철, 강문수 등이 참여하였고 진보진영에서는 박철, 방영식, 김길구, 오흥숙, 김홍술 등이 주축이 되어 매월 정기 포럼을 열고 활발히 활동해왔다.

대구/경북: 대구, 경북은 한국현대사에 뿌리 깊은 보수성을 담은 성역 같은 곳이라 사회선교운동이 뿌리내리기에 쉽지 않은 환경이다. 그럼에도 불구하고 일찍부터 몇몇 활동가들이 주축이 되어 꾸준한 활동을 이어오고 있다. 그만큼 활동가들의 헌신이 큰 곳이다. 1990년대 초 대구지역기독학생총연합회^{대기총련} 간사를 거쳐, 성서대구^{사무국장 최성훈}가 정착하는데 큰 힘을 쏟아온 신현기 교수^{계명문화대 컴퓨터학부 겸임교수}가 있으며, 교회와 학교강의를 통해 하나님나라를 깨우려는 박윤만 교수^{하늘깊은샘교회 담임, 대신대학교 신약학}도 수고하고 있다. 2019년부터는 느헤미야 대구캠퍼스도 시작되는데, 이를 위해 정민철 목사^{워드교회}가 수고하고 있다.

그러나 보수성 강한 대구, 경북지역에서 이러한 사회선교운동이 정착하는데, 지역과 고신교단의 중진인 장희종 목사^{대구명덕교회 담임}의 뒷받침이 없었다면 더욱 어려웠을 것이다. 그리고 인권, 통일, 노숙인, 교회개혁 등 모든 영역, 모든 부분을 꾸준히 살펴온 마당발 김승무 집사^{인권실천시민행동 대표}와 서선희씨의 헌신이 있었다. 그는 2010년 이후 성서대구대회가 꾸준히 진행되도록 기획과 운영, 사후관리까지 책임을 져왔고, 소속교단인 SFC 안에서도 영역운동본부 책임자 중 하나로 일하고 있다. 1990년 창립된 대구기윤실^{사무국장} 노동욱도 2011년 재창립하여 대구지역 교회와 대학을 섬기며 꾸준히 활동하고 있다.

④ 사회선교현장의 참여와 연대

성서한국운동은 하나님나라의 총체적 복음 가운데서도 특별히 사회선교운동에 목표를 둔 활동이다. 그래서 대회 중 주강의 및 영역 주제 강의도 현실상황이 많이 다뤄졌고, 참여한 현장단체와 활동가들과 일반 참가자들도 시국상황에 대한 관심이 적지 않았다. 그러므로 사회선교운동의 연대기구로 만든 성서한국이라면 마땅히 현장과 닿아 있어야 하고, 현장 소식을 나눠야 했다. 성서한국은 2기 출범 때부터 사회선교현장과 그 현안들을 참여단체들과 함께 나누고, 참여를 독려하였다.

특히 성서한국 2기가 출범한 2008년은 친자본, 반노동 성향의 이명박 정부가 시작된 해였기에, 정부 출범 초기부터 크고 작은 시국사건들이 줄을 이어 벌어졌다. 이명박은 대통령 후보시절부터 청계천 복개공사의 신화를 이어가려는 심산으로 무려 22조원을 쏟아 부어 4대강 살리기 사업을 진행했다. 그러나 이를 대규모 토목사업을 통한 억지 경기부양 정책으로 평가한 시민사회진영은 줄기찬 4대강 사업 반대운동을 펼쳤다. 이를 위해 기독교환경운동연대^{당시 양재성 사무총장} 등은 '생명의 강지키기 기독교행동'을 결성했고, 여기에는 성서한국에 참여하는 복음주의 운동단체들도 적극 힘을 보탰다. 특별히 2010년 고난받는 이들과 함께 하는 부활절연합예배는 4대강 사업으로 생존의 기반을 잃을 위기에 처한 팔당 유기농단지 근처에서 함께 드리고, 이후 진행된 릴레이 금식기도회에도 복음주의 활동가들이 적극 참여하였다. 그해 초에는 광우병이 우려되는 미국산 소고기 수입 재개를 반대하는 대대적인 촛불운동이 여름까지 이어졌는데, 성서한국의 참여단체, 교회의 이사, 집행위원들도 이에 적극 참여하다가 연행되어 정식재판에 넘겨지기도 하였다.

2009년은 비극적인 참사가 특히 많았던 한해로 기억된다.

1월의 용산상업지구를 무리하게 철거하려는 용역, 경찰특공대의 강제 진압 도중 철거민과 경찰 등 6명이 사망한 '용산참사'가 발생했다. 이를 자본과 공권력에 의한 살인으로 규정한 기독교계는 장례 때부터 함께하여 곧 바로 기독교대책위원회를 구성하였고, 매주 목요기도회와 성탄연합예배, 그리고 집회 등으로 저항하고 책임자 처벌을 촉구했다. 또 그해 5월부터는 쌍용차 평택공장에서 회사 측의 대규모 해고에 항의하며 일부 노조원들이 공장에서 장기간 농성을 벌여 사회적 관심이 크게 촉발되었다. 성서한국도 전국대회를 앞둔 상황이었지만, 초기부터 사태 진행상황을 함께 나누며, 뉴스레터 등을 통해 사태가 원만히 타결되고 유혈사태가 일어나지 않도록 기도제목을 알렸다. 그러나 8월 열린 성서한국 전국대회 기간 중 마침내 경찰에 의한 폭력적인 진압작전이 일어났다. 성서한국 주최 측은 대회 중인 5일 아침 전체모임에서 공장에서 농성 중이던 쌍용차 노동자들을 유혈진압 하는 뉴스장면 영상을 생생하게 보여주며 함께 기도했다.

또한 2007년 제주 강정마을에 해군기지를 건설하겠다는 정부 발표로부터 제주해군기지 반대의 긴 싸움이 시작되었다. 2011년 5월에는 전국 44

개 시민사회단체가 참여하는 '제주해군기지건설 저지를 위한 전국대책회의'가 결성되면서 전국적 이슈가 된다. 이때 초기부터 성서한국 참여단체이기도 한 국제평화운동단체 '개척자들'이 깊이 관여하면서 복음주의 사회선교운동진영 전체의 활동으로 확대되었다. 이 활동은 2016년 2월 강정 해군기지가 완성되면서 일단락되지만, 이후에도 평화의 섬 제주 만들기를 위한 기독청년순례운동은 해마다 성서한국 참여단체인 새벽이슬, 기청아, 평화누리, 기윤실, IVF 사회부 등이 제주 현지 운동가 강민창 목사제주고백교회 담임, 세인트하우스 대표 등과 함께 계속 진행하고 있다.

그러나 사회적으로나, 복음주의적으로나 가장 많은 관심을 일으켰던 사안은 역시 2014년 4월에 일어난 세월호 참사다. 6월 성서한국, 한국복음주의교회연합 등의 주최로 '세월호 참사 이후, 한국교회의 성찰과 과제'라는 주제로 세 차례에 걸친 성찰포럼을 진행하고, 전국적 단위의 국민운동에 함께 참여하였다. 9월에는 광화문 앞에서 목회자 304인 철야기도회가 있었고, 10월까지 세월호 특별법 제정을 위한 교회별 릴레이 단식기도에 성서한국운동에 참여하는 많은 교회, 목회자들이 연대했다. 특히 세월호 참사로 딸을 잃은 김영오씨의 무기한 단식에 연대하는 마음으로 성서한국 이사 방인성 목사도 40일 동안 단식기도를 이어갔다.

사회선교현장 운동을 이야기하면서 가장 최근의 예멘인 난민신청 지원 활동을 덧붙여야겠다. 예멘은 이슬람 수니파와 시아파 사이의 종파분쟁, 후티족과 투치족 사이의 종족분쟁에, 이란, 사우디와 미국 등 외세까지 개입되어 벌이는 심각한 내전상태에 빠져있다. 게다가 100만 명이 콜레라에

감염되어 있고, 심각한 식량난으로 벌써 5만 명 이상의 아이들이 사망했고, 2,900만 명 국민 중 200만 명이 피난 중이며, 그중 약 19만 명이 해외로 탈출할 정도로 최악의 상황을 맞고 있다. 그러던 중 말레이시아에 있던 예멘인들이 2018년 4-5월 경에 집중적으로 제주도에 들어와 난민신청을 하면서 사회화되었다.

안 그래도 유럽, 미국 등에서도 이슬람권 난민문제로 홍역을 앓고 있는 상황에서 500명이 한꺼번에 난민신청을 하는 유례없는 상황에 접하자, 제주를 넘어 전국에 이르기까지 이들의 난민신청을 반대하고, 적대하는 여론이 삽시간에 퍼지기 시작했다. 바른 이해와 성찰이 없이 무지, 추측, 단정까지 뒤섞인 부정적인 여론에 흑색선전과 가짜뉴스까지 판치는 가운데, 개신교와 가톨릭 등 일부 종교인 및 인권, 시민단체들이 이들을 돕기 위해 제주로 모이기 시작했다.

33개 단체들이 함께 꾸린 제주예멘난민대책위원회^{위원장 김성인}에는 개신교인들이 많이 참여하였고, 이전부터 난민활동을 해오던 공익법센터 어필과 사단법인 '피난처'^{대표 이호택} 역시 개신교인들이 주축이 되어 있다. 이들은 편견과 멸시의 대상이 된 예멘인들 보호와 숙식 등 생활적 필요를 도울 뿐 아니라 법률서비스와 의료지원에서 힘을 주었다. 뿐만 아니라, 성서한국도 뜻을 같이하는 단체, 교회들과 함께 지원활동을 펼쳤다. 아래는 성서한국 임왕성 사회선교국장이 정리한 활동내역이다.

〈성서한국 예멘난민관련 활동내역〉

- 후원금 및 물품 모집 메일 발송 9/3

- 제주1차 방문 9/17-18: '희망의학교' 방문, 제주 나오미센타 방문 물품 지원 및 배분단

  체, - 제주예평교회 난민 4명 숙식제공 방문

- 제주2차 방문 10/9-10: 제주 예평교회 및 '희망의학교' 방문

- 제주3차 방문 12/3-4: 제주 예평교회 및 '희망의학교' 방문

- 2018년 고난 받는 이들과 함께하는 성탄예배

  고난받는 이들과 함께하는 연합성탄예배

  * 일시: 12월 25일 화 오후 3시

  * 장소: 광화문 북측광장

  * 주제: 주여, 우리가 언제 주님을 영접했습니까?

  * 주요순서

    - 사전공연: 콩고 난민팀

    - 발언: 예멘난민 2명 한명은 이번에 난민 인정, 시리아인 1명

    - 설교: 이문식 목사 광교산울교회, 한국복음주의교회연합 대표

    - 헌금: 난민단체와 난민에게 전달

    - 후원금 전달: 3,639,500원 모금하여 희망의 학교와 예평교회 통해서 전달,

      성탄절 연합예배 통해서 모은 헌금 5,000,000만원은 희망의 학교와 한국

      디아코니아센터 통해서 전달.

    - 물품 후원: 가을 및 겨울 옷 나오미센터 통해서 전달.

또 이와는 별개로 오랫동안 의료선교사로 예멘에서 활동해온 박준범 선교사를 중심으로 2018년 7월부터 '예멘 난민들을 위한 사마리안 행동'의 활동을 시작하였다. 이들은 제주에 사마리안하우스를 두고 숙식과 의료, 생활지원, 한국어 및 한국문화 학습, 취업알선, 문화활동 등을 꾸려오다가 예멘인들에 대한 난민신청 심사결과가 나자, 그해 11월 제주사역을 일단 종료하였다. 그러나 개별적으로 흩어진 예멘 청년들의 요청과 보다 본격적인 난민지원 활동을 위한 새로운 활동이 필요하다고 느껴 2019년 3월 '예멘친구들을 위한 사마리안들'로 명칭을 변경하여 오늘에 이르고 있다. 현재 수원역 부근에 공간을 얻어 주말마다 자유로운 만남의 기회를 갖고 있으며, 자원하는 이들과 함께 예배를 드리기도 한다.

복음주의의 사회선교 현장운동들은 앞서 사회변혁운동을 이끌어왔던 에큐메니칼 진영 진보 기독교운동과의 연대 속에서 진행되었다는 점을 기억해야 한다. 그들은 우리가 하나님을 온 세상의 주님이라 고백하면서도 교회 울타리 밖을 벗어나지 못하던 시대에도, 독재, 반인권, 빈곤, 분단, 차별, 생태계 파괴 등과 싸우며 아름다운 전통을 만들어 온 사회선교운동의 소중한 선배다. 지난 30년 동안 우리 복음주의는 그들에게서 배웠고, 특별히 온갖 시국의 현장에서 그들과 함께 일했다.

양 진영의 기독활동가들은 앞서 적은 특별한 시국의 현장들 외에도 정기적, 일상적인 활동에도 함께 했다. 세계 모든 교회가 매년 기억하고 기념하는 그리스도의 현장은 주님의 탄생과 부활이다. 그러나 우리 주님은 태어나실 때도, 그리고 죽고 부활하시는 순간까지 버림받은 백성들과 함께 고난 받으셨다. 그래서 복음주의, 에큐메니칼 기독운동가들은 매년 2차례 당시의 고난 받는 이들을 정하여 그들과 함께 '고난 받는 이들과 함께 하는 부활절성탄절연합예배'를 드려왔다. 그동안 용산참사, 쌍용차, 세월호, KTX여승무원, 농민, 농성자, 해고자, 빈민, 철거민, 장애인, 난민 등의 고난을 그리스도의 이름으로 되새겼다.

그럼에도 불구하고 고난 받는 이들은 너무 많았다. 마침 2008년 광우병 촛불운동을 계기로 고난 받는 현장과 함께 하는 촛불교회가 세워졌다. 그리고 촛불교회는 70-80년대 인권운동의 상징이던 목요기도회를 이어 목요 촛불기도회로 계속되고 있다. 목요 촛불기도회는 지금도 일상 속에서 계속되고 있는 억압과 차별, 눈물로 얼룩진 고난당한 이웃들의 현장소식을 나누고 함께 기도하는 거리기도의 자리다. 또, 정신대할머니 돕기 연속 모금공연을 비롯해 30년 동안 하나님나라를 담은 노래를 불러준 가수 홍순관님과 추위와 더위를 가리지 않고 고난의 현장마다에서 힘을 북돋는 노래를 불러준 장현호님을 비롯한 많은 노래운동 동지들의 수고도 기억해야 한다.

지금은 중단되었지만, 매년 양 진영을 아우르는 모든 기독교 사회선교 운동단체 및 활동가들이 한데 모여, 시대를 분석하고, 토의하고, 함께 기도하며, 기도하는 큰 잔치인 기독교사회포럼도 있었다. 성서한국은 이렇게 계속 쏟아지는 사회선교 현장과 연대활동 소식을 소식지와 뉴스레터, 그리고 이사회 및 집행위원회에서도 함께 나누고 필요하면 참여방안도 함께 논의했다. 이러한 다양한 방식으로 복음주의는 에큐메니칼 진영과 사회선교운동을 함께 해 왔다.

4. 보수정권창출운동과 기독교사회선교운동의 분열

(1) 보수정권창출운동에 앞장 선 김진홍, 서경석 목사

2000년대 사회선교과정을 살펴볼 때 또 하나 놓칠 수 없는 것은 보수정권 재창출운동과 뉴라이트운동이다. 1997년 김대중의 대통령 당선부터 2007년 노무현 정부까지 이어진 10년 진보개혁 정부에 대한 우리사회 주류와 보수층의 거부감과 반발은 매우 강했다. 특히 탄핵을 벗어난 노무현 정부가 2004년 국가보안법 개폐, 사립학교법 개정, 과거사진상규명법 제정, 언론관계법 제정 등 이른바 4대 개혁입법을 추진하고, 수도이전까지 주장하자 이들의 반발은 더 심해지고, 다음 대선에서 반드시 정권을 되찾아야 한다는 보수층의 요청은 확산되어 갔다.

이에 힘입어 2000년대 중반부터 뉴라이트운동이 일어났다. 원래 뉴라이트라는 용어는 80년대 미국 레이건 행정부 시절 신자유주의자들이 처음 쓴 것으로, 우리나라에서는 80년대 주사파 학생운동을 하다가 우파로 전향한 이들이 주로 사용하기 시작하지만, 2000년대 중반에는 이미 수많은 이들이 뉴라이트라는 이름을 공유하게 된다. 이 글에서는 기독교계 뉴라이트 운동과 이 운동의 대표자인 김진홍 목사와 서경석 목사의 활동을 중심으로 살펴보려고 한다.

앞서 살펴봤듯이 1970, 1980년대 진보기독교운동에서 중요한 역할을 했던 두 사람은 1990년대 이후 복음주의운동에 합류하며 주요지도자로 활동했다. 먼저 김진홍 목사는 1970년대 유신반대운동과 청계천을 중심으로 빈민운동에 헌신하다가, 철거민들과 화성 남양만으로 집단이주하며 두레마을을 세우고 공동체운동에 헌신한다. 두레마을 공동체운동은 복음주의 교회들에게도 관심을 일으켰고, 마침 1982년 출판된 간증적 저서 '새벽을 깨우리로다'는 폭발적인 반응을 얻었다. 무엇보다 겨자씨모임의 아모스 스쿨 등을 통해 복음주의사회선교운동 진영에 본격적으로 소개되면서 한때 이 운동의 상징인물처럼 여겨졌고, 1990년대 중반 이후에는 한국사회의 대표적인 지성인으로 꼽히기도 했다. 특히 초기 월간 복음과 상황에 준 재정적 뒷받침이 큰 힘이 되었고, 두레연구원을 만들어 후진양성에 큰 힘을 쓰고, 곳곳의 두레마을을 통해 대안 공동체운동을 이끌기도 했다.

그러나 막상 30년 군사독재가 막을 내리고, 김영삼, 김대중, 노무현으로 이어지는 민주화, 인권운동 지도자들의 정부가 들어서 사회 곳곳의 개혁이 10년 이상 이어지자, 김진홍의 변화도 서서히 드러나기 시작한다. 90년대 중반부터 설교나 강의 등으로 개혁에 대한 피로감을 호소하기 시작하고, 김대중 정부 들어서 그 강도는 훨씬 강해진다. 그 무렵 김진홍 목사는 화성 남양만 시대를 마감하고, 1997년 중산층 신도시가 만들어지던 구리시로 옮겨 다시 교회를 시작한다. 일상적으로 만나는 사람들의 층이 달라지면서 그의 인식에도 많은 변화가 생겨간 것으로 추측된다.

이러한 김진홍 목사의 변화를 가장 분명하게 확인할 수 있는 사건이 2004년 한국 전투병의 이라크 파병을 지지하는 발언일 것이다. 이 발언 이후 그는 시국에 대한 보수적 입장을 더욱 노골적으로 드러냈다. 그 당시 이미 그는 신자유주의 사상정치관, 경제관, 사회관이 물씬 풍기는 생각들을 매일 '김진홍 아침묵상'이라는 제목으로 담아 전국의 관심자들에게 발송했다. 그 당시 배달된 김진홍 목사의 글을 통해 생각을 읽어본다.

〈 "위대한 세대" 2004년 10월 23일 〉

금년 수출 총액이 2000억 달러를 넘어서게 되었다는 보도이다. 참으로 자랑스럽고도 고마운 일이다. 1961년에 수출이 기껏 2000만 달러 남짓하였던 때가 있었다. 그것도 고작 중석重石과 농수산물 수출뿐이었다.

그해에 5 16 군사혁명을 주도하였던 군인들이 수출 주도 경제를 국가 전략으로 채택하였다. 국가 경영의 최고 목표를 수출에 두고 매월 한 차례씩 대통령이 주재하는 수출 진흥 회의를 열어 수출을 독려하였다. 그런 정책의 결과 1964년에 처음으로 수출 1억 달러를 달성하였다. 그해에 수출이 1억 달러에 이른 날을 잡아 수출의 날로 정하였다. 1964년으로부터 수출은 해마다 늘게 되어 40년 만인 금년에 2000억 달러를 넘어서는 쾌거를 이룩하게 되었다. 연 평균 수출 증가율이 21%를 넘어선 이런 업적을 일컬어 외국에서는 '한강의 기적'이라 부르기도 한다. 그래서 우리 세대가 한강의 기적을 이루어 낸 세대라 하여 연세대학교의 은퇴 교수인 이기택 교수는 '위대한 세대Great Generation'라는 이름을 붙이기까지 하였다.

요즘 들어 한강의 기적을 이루어 낸 산업화의 중심 세력이 소위 보수 수구 세력이라고 따돌림을 당하는 때도 간혹 있지만 그런 왕따에 조금도 신경

쓸 것이 없다. 누가 뭐라 해도 우리 세대는 보수 수구가 아닌 위대한 세대이기 때문이다.

〈 "기업가들을 높여주자" 11월 12일 〉

미국의 레이건 대통령이 1981년 대통령 직에 취임하는 자리에서 기업가들을 높이는 말을 다음과 같이 했다.

"신념을 가지고 새로운 부富와 일자리를 창출하는 기업가들이야말로 이 시대의 진정한 영웅이다."

대통령이 이런 발언을 할 만큼 미국에서는 기업인들을 존경하고 높여 주는 사회적 분위기가 이루어져 있다. 그런데 우리나라에서는 아직도 기업인들에 대한 부정적인 이미지가 가시지 않고 있다. 일본의 경우도 우리나라와는 완연히 달라서 기업인들을 최고로 높여 주는 사회적인 분위기가 형성되어 있다. 예를 들어 일본의 신화적인 경영자 마쓰시다 고노스케松下幸之助, 1894-1989의 경우, 그에 대해 출간한 책이 무려 398종에 이른다. 혼다 자동차를 창업한 혼다 소이치로本田宗一郎의 경우도 무려 168권의 책이 출간되어 있다.

그러나 한국의 경우, 삼성을 일으킨 이병철 회장에 관한 책을 꼽아보면 채 다섯 권이 넘지 않는다. 일본의 경우와 비교하여 보면 너무나 격차가 심하다. 큰 기업의 CEO들이 평생을 걸고 기업을 일으킬 때는 단순한 '돈벌이'를 위해서가 아니라 나름대로의 산업 입국産業立國에 대한 사명감을 품고 자신을 투자한다.

CEO들의 그런 노고와 성과에 대하여 온 나라가 경의를 표하여 주고 그들을 높여 주는 것은 당연하다. 우리 사회가 경영인들에 대한 부정적인 인식을 거두고 그들을 높여 주는 분위기로 바꿔어야겠다.

물론 젊은 시절 유신반대운동을 했던 그로서는 과거 군사정부의 개발독재를 적극 옹호하는 것은 부담스러웠을 것이다. 그래서 군사정부시대의 보수운동 '올드 라이트'Old Right에 비해 자신들이 주창하는 새로운 보수운동은 '뉴 라이트'New Right라며 차별성을 드러내려고 했다. 김진홍 목사는 그러한 뉴라이트 운동의 최대 결집체인 뉴라이트 전국연합의 상임의장이 되고, 이들의 목표는 2007년 대선에서의 정권교체와 국가개조였다. 2007년 대선에서 뉴라이트운동은 1등 공신역할을 했고, 김진홍 목사는 이명박 정부의 정신적 지도자로 떠올랐다.

김진홍 목사가 기독교권을 넘어선 사회전체의 보수우경화를 이끌었다면 서경석 목사는 그 같은 역할을 기독교계 내에 좀 더 집중하였다고 볼 수 있다. 서경석 목사 역시 경실련을 창립하고 재임기간 내내 폭발적인 성장을 이루었고, 1995년 돌연 경실련 사무총장직을 사임하고 1996년 총선에 출마하지만 고배를 마신다. 2004년 김진홍 목사의 뉴라이트 연합과 비슷한 시기에 기독교사회책임을 만들어 2007년 보수로의 정권교체를 위해 힘을 바쳤고, 2013년 박근혜 정부 이후 김진홍 목사가 정치권과 거리를 둔 것과는 대조적으로 서 목사는 지금까지 더욱 목소리를 높이고 있다.

기독교계 뉴라이트운동들이 시작되던 과정에서도 한창 힘을 모아가고 있던 복음주의 사회선교운동과의 긴장과 갈등, 설전이 이어졌다. 김진홍 목사는 공의정치포럼을 인수하여 기독교 활동기반으로 삼으려는 마음을 비치기도 했다. 서경석 목사는 그보다 더욱 젊은 활동가 그룹의 참여를 설득했고, 고직한, 박승룡경실련 기청협 초대 간사을 합류시켰다. 2004년 10월 18일에는 당시 〈나라살리기기독교운동〉이라는 이름으로 출범을 준비 중이던 서 목사 그룹과 그에 비판적인 젊은 활동가 그룹이 만나 대화를 나눴지만, 서로 같이 할 수 없음만 발견하고 헤어졌으며당시 참석자: 고직한 Young2080 대표, 구교형 교회개혁실천연대 사무국장, 박승룡 나라살리기기독교운동 사무처장 내정자, 손기화 공정연대 사무처장, 양희송 「복음과상황」 편집장, 윤환철 남북나눔운동 국장, 이승균 뉴스앤조이 기자, 이진오 기윤실 사무처장 등은 여러 차례 지면을 통해 그 운동을 비판했다.

나중에 본인들의 부인으로 다시 빠지긴 했지만, 당시 손봉호, 옥한흠, 이동원 등이 이런 흐름들에 오르내리게 된 것 역시 오랫동안 맺어진 관계망을 하루아침에 끝맺을 수 없는 이유 때문일 것이다. 복음주의 사회선교운동 진영이 이때 이후 성서한국의 창립과 그 운동에 더 집중하게 된 데는 이러한 신보주주의 정치운동과 의식적으로 맞서려는 이유도 적지 않았다.

(2) 김진홍, 서경석을 통해 살피는 보수기독교 인사들의 생각

60-80년대 군사독재를 겪으며 민주화운동에 참여했던 적지 않은 선배세대들은 본격적인 개방시대를 맞은 2000년대 이후 오히려 보수정부를 그리워하였고, 김진홍, 서경석 목사가 그들을 대표하였다. 그러면 그들의 변화를 어떻게 이해할 수 있을까? 나는 이렇게 해석해 본다.

첫째, 90년대 한국사회는 사회 곳곳에 민주화의 기운이 본격적으로 뿌리내리는 활발한 시기였지만, 다른 한편 이미 세계 자본주의 시장이 한계에 이른 상황에서 한국경제도 점점 개발독재 성장의 하강곡선을 그리며 활력을 잃어가고 있었다. 1997년 IMF 금융위기는 그 정점을 보여주는 사건이었다. 그들이 볼 때, 한국경제가 살아나지 못하면 민족통일의 대업을 앞두고 한반도 전체가 좌초하게 될 것이고, 그렇게 되면 지금까지 민주화의 성과도 모두 의미 없어지게 된다.

그래서 '민주화는 이쯤하면 됐으니, 다시 경제를 살리자.'는 생각을 하게 되고, 그것이 고성장시대를 이끌어낸 박정희 정신을 다시 부활시켜 경제와 사회의 활력을 되찾아야 할 것으로 이어지게 된 것이다. "산업화 세대와 민주화 세대가 손을 잡아야 한다"는 구호는 그래서 나온 것이다. 그들이 볼 때 김대중, 노무현 정부는 지나치게 개혁이상에 치우쳐 산업화 세대와 재벌을 적대하고 경제를 망치고 있다는 것이다. 그러므로 경제를 아는 대통령 이명박과 개발시대의 아이콘 박정희 딸 박근혜의 집권을 통해 한국경제를 다시 일으켜야 한다는 생각으로 이어진 것이다.

둘째, 386운동권과 북한에 대한 극도의 불신이다.

긍정적이든, 부정적이든 386세대1960년대에 태어나 30대에 이른, 80년대 학번 출신 젊은 세대를 90년대 당시에 처음으로 이름 붙인 말는 매우 독특한 세대다. 같은 전후 세대라도 한국전쟁이 끝난 지 10년이 훨씬 지난 후 태어났기에 보다 자유분방하고, 무엇보다 1980년 광주사건이 주는 큰 충격을 보다 직접적으로 겪거나 느낀 세대로 한국정부와 미국에 대한 비판의식이 훨씬 크며, 80년대 대학의 문이 크게 넓혀진 수혜를 바탕으로 사회주의, 공산주의 운동을 학습한 첫 세대이기도 하다.

　그렇기 때문에 이전세대가 볼 때 386세대의 운동은 단순한 반독재, 민주화운동을 넘어서 대한민국 체제를 부정하는 사회주의운동이며, 더구나 80년대 주사파 NL운동을 목격한 경험을 기억하며, 세월이 지나서도 사회운동권은 북한을 추종하는 활동이라고 의심을 거두지 않았다. 그런 상황에서 집권한 김대중, 노무현 정부는 386세대 출신을 청와대와 당에 많이 받아들이게 되는데, 두 정부 주요정책 중 하나가 대북화해, 평화정책이고 그들은 이것이 친북운동을 드러내는 것이라는 의심을 거두지 않았다. 김진홍, 서경석 목사 역시 곳곳에서 그러한 시각을 그대로 드러내고 있다. 그래서 이들은 386세대가 정말 반독재 민주화운동을 했다면, 그 보다 더 심각한 독재사회인 북한에 대해서도 반대운동을 해야지 왜 친북운동을 하냐며 반발한다. 2012년 서경석 목사가 쓴 '좌파였던 서경석 목사가 왜 지금 보수가 되었나?'라는 글의 일부를 발췌한다.

"… 87년 6월 민주화 대항쟁 당시 민주화를 이루는데 핵심적인 역할을 한 학생세력이 대부분 김일성 주체사상을 신봉하는 세력이었습니다. …혹독한 군사독재 치하에서 …학생운동권은 이 논리를 맑스 레닌주의, 김일성 주체사상, 마오이즘 등에서 차용해 왔기 때문입니다. 그리고 기독교운동 안에서는 민중신학이라는 흑백논리가 등장했습니다. 그런데 김일성 주체사상론[NL]이 맑스

레닌주의^{PD}보다 훨씬 더 유연했고 그 결과 NL파가 학생운동의 주류가 되었습니다. 그런데 민주화 대항쟁 때 한국을 민주화시킨 세력이 바로 이 從北좌파세력이었습니다. 지금도 우리나라에서 종북좌파가 기승을 부리는 이유도 아직 우리나라가 군사독재 시절의 후유증에서 벗어나지 못했기 때문입니다. 2005년 9월의 … 맥아더 동상 철거사건 전에는 우리국민이 우리나라에 친북좌파세력이 광범위하게 존재함을 몰랐습니다. …우리 역사에는 청산되어야 할 세력이 있습니다. 사람은 그대로 있어도 세력으로서의 친일파는 청산되었습니다. 세력으로서의 군사독재세력도 청산되었습니다. 세번째로 청산되어야 할 세력이 종북좌파입니다. …그런데 우리나라의 진보세력은 북한인권문제에 침묵합니다. 그런데 진보 기독교가 북한인권문제에 침묵하는 것은 저는 납득할 수 없습니다. …그동안 노무현 정부는 김정일 비위 맞추기와 퍼주기로 한반도의 평화를 유지했습니다. 그러나 저는 이 평화는 사이비 평화요, 거짓 평화라고 생각합니다."

나는 두 목사로 대표되는 전쟁 전 노년세대와 보수적 시각을 귀담아 들을 필요가 있다고 생각한다. 분명히 그들의 많은 헌신과 수고 속에 대한민국의 오늘이 있고, 지금도 그들은 이 나라를 사랑하기 때문이다. 그러나 본인들의 아픔과 선입견에 매어 남북이 함께 망할 적대와 미움을 다음 세대까지 이어줄 수는 없다. 엄연히 변하고 있는 실상을 보면서도, '북한은 결코 변하지 않을 것'이라고 믿고, 심지어 '변해서도 안 된다'는 신념조차 느껴지는 신화를 이제는 버려야 한다. 또, 설령 죽은 박정희가 살아온다 해도

21세기 한국경제는 개발독재로 살릴 수 있는 게 아님을 이제는 인정해야한다. 박근혜를 끝으로 박정희 시대는 이제 막을 내려야 한다. 또한 그 시대의 자식일 뿐인 386세대의 한계를 이해하며, 종북주의의 낙인을 이제는 그만 거두어 주기를 바란다. 동시에 386세대 자신들도 더 이상 80년대 민주화운동의 훈장만 들먹이며 지금의 기득권과 배타성을 정당화하는 교만을 버려야 할 것은 물론이다. 노년세대, 보수층은 요즘 남북 사이, 그리고 북미 사이 협상과정에서도 북한의 입김이 지나치게 크다고 느끼는 것 같다. 그러나 그것이야말로 북한체제의 능력을 과대평가하는 것이요, 우리 사회의 민주전통과 저력을 너무 과소평가하는 것이다. 죽은 박정희에 대한 신화와 북한에 대한 지나친 두려움은 한국 보수의 본래 의도와는 다르게 한국사회의 활력을 잃게 만들고 지나간 구습에서 벗어나기 힘든 함정이 되기 쉽다.

제5장

대격변의 2010년대

제5장
대격변의 2010년대

2010년 이후 우리사회는 이전과는 너무 달라졌고, '다음 세대'가 아닌 '다른 세대'가 등장해 서로 외국인을 대하는 것 같은 이해와 소통의 어려움을 경험하고 있다. 단순히 다른 세대만 등장한 것이 아니라, 아주 다른 시대가 이미 찾아왔다.

1990년대 이후 한국사회도 절대빈곤, 개발독재 시대가 저물고 최소한 자유민주주의 기본질서가 통용되는 시절이 오면서 개인의 자유, 권리, 인권, 민주주의에 대한 자각과 주장이 분명해 졌고, 그 자체만으로는 분명 발전이라할 것이다. 2000년대 이후 컴퓨터 및 첨단산업의 발전과 개인매체가 일상화되면서 그러한 추세는 더욱 가속화되었다. 그러다보니 개개인 및 사회적 관심의 방향도 이전과 비교해서 엄청나게 변했고, 그 변화의 질과 양을 따라가기도 힘들 정도다.

"한국여성정책연구원에 따르면 청와대 국민청원이 개설한 2017년 8월 17일부터 올해 5월 31일까지 게시된 국민청원 중 20만명 이상 동의를 얻어 청와대 답변이 이뤄진 청원은 모두 98개였다. 이 중 39개$^{39.8\%}$가 젠더 이슈 관련 청원이었다. 1만명 이상 동의를 받은 청원 882개 중 224개[25.4%]도 젠더 이슈였다. 연구원은 "젠더 이슈가 지난 2년간 한국 사회 핵심 현안이자 국민적 관심사였음을 보여준다"고 분석했다. 세부 주제별로 보면 '여성폭력 안전'이 63%[141건]로 가장 많았다. 이어 돌봄 일생활균형 12%, 여성건강 성 재생산 9%, 평등의식 문화 5% 등이었다. 주요 키워드를 추출해 분석한 결과로는 성매매, 성폭행, 성폭력, 성범죄, 몰카, 무고죄 등 여성폭력 안전 관련 단어의 중요도가 높게 나타났다."[연합뉴스 19. 7. 5]

또, 한국과학기술기획평가원[KISTEP]의 '대한민국 미래이슈 2019' 보고서는 2029년까지 앞으로 한국 사회의 가장 중요한 이슈가 될 10가지 의제로「▲ 저출산·초고령화 ▲ 격차 심화로 인한 사회불안정 ▲ 저성장과 성장전략 전환 ▲ 남북관계 변화 ▲ 고용불안 ▲ 기후변화 적응 실패 ▲ 제조혁명 ▲ 건강수명 증대 ▲ 자연재난 ▲ 산업구조의 양극화」를 예측했다.

그러므로 최근 기독교회가 정치, 경제, 남북관계, 노동 등 전통적 사회 주제 뿐 아니라, 개인 도덕성, 결혼과 가정, 낙태, 동성애 문제에 관심을 갖는 것은 당연하며, 불가피하다. 더구나 한반도 평화시대가 본격적으로 진전되면 더더욱 전통적 큰 주제들은 더욱 빨리 저변에 깔리고, 지금까지는 이전에는 개인들이 알아서 처리할 사소한 문제라고 여겼던 주제들이 더욱 더 한국사회의 중심이 될 것이다.

그러나 한국교회 대다수는 이러한 대대적인 사회변화와 그 주제들이 갖는 의미와 소통하려 하기보다는 원초적 거부감만으로 대하고 있는 것 같다. 아니, 소통 이전에 이해 자체를 거부한다. 그것은 주제 자체의 낯설음을 넘어 그러한 추세가 전통적인 기독교 진리와 신앙의 내용들을 정면으로 부정하고, 거부하는 것 같은 두려움을 주기에 충분하기 때문이다. 그러나 역사를 길게 보면 어떤 세대도 진리를 독점하지도 제외되지 않는다는 당연한 사실을 감안한다면, 서로 상대적 이해의 기반 아래서 얼마든지 대화할 수 있을 것이다.

사회선교운동도 우리의 모태인 이러한 한국교회 상황과 절대 무관할 수 없다. 한국경제와 사회의 전반적인 침체 분위기, 촛불 및 미투 운동에서 보듯 전문가 및 단체를 거치지 않는 국민들의 직접적 욕구표현 등의 영향으로 일반시민운동과 더불어 사회선교운동도 큰 위기를 맞고 있다. 기존 단체들도 새로운 동력을 만들어내는데 힘겨워하고 있고, 분명한 자기기반이 없는 단체와 운동은 계속 퇴조할 것이다. 그러면 이제 이렇게 빠르게 달라지고 있는 사회와 운동 환경의 변화 속에서 사회선교운동은 어떻게 운동 과제를 찾아나갈 것인가?

1. 우리 시대의 변화와 새로운 과제 찾기

(1) 평화

인류의 모든 발전과정을 되짚어보면 압도적 자연환경을 위협처럼 여기며 극복하려는 과정을 시작으로 하여고대, 잘못된 권위의 이름으로 만연한 종교, 계급, 민족 등의 잘못된 제도나 인습과 싸우는 오랜 기간을 거쳤고중

세,근대, 이데올로기의 차이로 인한 적대를 극복하는데도 적지 않는 세월을 쏟아왔다.현대 이러한 과제들은 다양한 모습과 특징을 갖고 나타나기에 일반화하기 어렵지만, 그럼에도 불구하고 하나로 요약한다면 결국 '인간화'의 과제다. 그리고 그렇게 가장 보편적인 인간화의 과제를 풀어나가는 열쇠 말은 역시 평화다. 평화는 서로 다른 사람들이 기꺼이 함께 살아가는 것에 대한 노력이기 때문이다.

지금까지 '평화'는 대개 국가, 민족, 인종 등 거시적 특수집단 사이의 분쟁문제의 해소와 해결의 관점으로만 보았다. 그러나 그것은 대개 우리 편과 적원수, 나의 옳음과 상대의 그름을 처음부터 전제하기 때문에 모두가 평화를 말하지만, 그럴수록 상대가 없어짐으로써 달성할 수 있는 끝나지 않는 싸움이 되곤 했다. 가령 남북 70년의 분단역사도 한쪽이 하나 됨통일을 말할수록 상대방은 그것을 공산혁명적화으로, 또는 자본에 의한 붕괴흡수로 받아들인 것과 같은 맥락이다. 그러다보니 우리가 실제 살아가는 일상적이고, 미시적인 차원에서는 평화를 위해 아무런 할 일이 없다는 치명적인 문제도 안고 있다. 나 역시 짧지 않은 세월동안 다양한 운동을 해 오면서, 이분법적 대결구조를 전제한 문제해결 방식이 갖는 한계들을 많이 느껴왔다.

그러나 지금 평화에 대한 근본개념이 바뀌어가고 있고, 하나님나라를 향한 사회선교운동 역시 그러한 새로운 이해와 전환이 필요한 시점이라 생각한다. 돌아보면 이와 관련된 활동들은 이미 우리 주변에서도 꽤 찾아볼 수 있다. 그 몇 가지들을 소개해 보고자 한다.

● 갈등전환 Conflict Transformation

우리가 살아가는 세상에는 개인적 차원에서든, 국가 및 지자체 등 공공의 영역이나 또는 사회, 신앙 활동 등 집단의 다양한 영역에서든 끊임없는 갈등과 분쟁과 만나게 된다. 이럴 때 우리는 옳고 그름의 논리만을 따져 묻지만, 그 과정에서 또 다른 힘겨루기나 폭력적 양상을 보이게 되며, 그로 인해 처음보다 더 큰 분쟁으로 옮겨가는 경우가 허다하다. 이러한 갈등구조의 해묵은 패턴을 바로 파악하고, 이해와 공감으로 관계 회복적 소통을 모색할 자원과 방법을 찾아나가는 활동을 갈등전환이라고 한다. 사회적 갈등이 만연한 재개발 사업과 공공정책 영역 등에서 이를 적용하는 사례들이 늘어가고 있고, 한국갈등전환센터, 하나누리 등에서 앞장서고 있다.

● 회복적 정의 Restorative Justice

우리는 대개 범죄가 일어나면 바로 죄에 대한 처벌을 주어야 죄 지은 사람도 정신을 차리고 정의가 살아난다고 생각한다. 이러한 응보적 정의 retribution Justice의 관점은 개인의 일상은 물론 특히 사법제도와 공공의 영역에서 통용되는 일반적인 입장이다. 반면에 회복적 정의에서는 잘못을 저지른 사람집단을 그저 벌주는 것으로는 피해의 극복이나 문제의 해결과 재발 방지를 위해서도 그다지 효과가 없다고 본다. 범죄는 깨어진 관계로부터 비롯된 것이기에 피해자와 가해자, 주변사람들, 또 지역사회 등 가능한 한 모든 관계자들이 문제를 함께 부여잡고 깨어진 관계를 어떻게 회복할 것인가에 초점을 맞추어 가도록 돕는다.

이를 공동체적 사법이라고도 부르는데, 현재 많은 나라들에서도 회복적 정의의 개념을 받아들여 관계된 사회구성원들이 함께 참여하여 처벌보다 관계된 모든 구성원의 회복과 공동체의 치유를 목적으로 한 공동체적 사법 활동을 적용하는 사례들이 늘어가고 있다. 우리 그리스도인의 입장에서는 용서와 화해를 통해 사람과 사회를 하나님의 샬롬으로 회복시키려고 했던 예수의 삶에서 교훈을 얻을 수 있다. 이러한 활동은 특히 메노나이트 계열의 교회 전통으로 내려오고 있는 점도 주목할 부분이다.

● 회복적 서클Restorative Circles

회복적 정의의 기본개념을 주로 공동체 구성원들 사이의 갈등에 적용하는 개념을 일컫는다. 이는 1990년대 중반 도미니크 바터Dominic Barter라는 사람이 브라질 리우데자네이루의 한 공동체 주민들의 갈등을 풀어내면서 개발된 모델로, 점차 브라질 정부와 세계 20여 개 국가들에도 소개되었다. 회복적 서클은 공동체 안에서의 갈등을 기본전제로 갖기에 문제해결과정에서 집단지성을 매우 중요하게 여긴다. 같은 경험과 역사를 공유하고 있는 공동체를 전제하고 있기에 훨씬 더 깊은 만남이 가능하고, 치유의 효과도 더 클 것으로 이해된다.

회복적 서클은 사전 서클갈등을 상징하는 하나의 행동 확인하기, 갈등의 의미 이해하기. 참여 의사 확인하기→본 서클상호이해, 자기책임, 동의한 행동→사후 서클참가자의 만족도 조사, 새로운 행동을 축하하거나 찾기 등의 단계를 거쳐 진행하게 된다.

● 비폭력대화 NonViolent Communication: NVC

사실 이 모든 것들의 핵심에는 말이 있다. 우리는 말을 통해 소통하고 문제를 풀어간다고 생각하지만, 오히려 말로 인해 없어도 될 문제가 일어나거나 사소했던 문제가 도무지 풀 수 없는 거대장벽이 되는 경우를 자주 경험한다. 우리는 말을 통해 그저 정보와 의견을 전달한다고 생각하지만, 사실 말은 각자 속에 내재된 감정과 필요, 욕구를 드러내게 되는데, 우리는 대부분 여기에 둔감하여 문제를 더 크게 키운다.

비폭력대화는 미국의 마셜 로젠버그 박사가 이러한 말대화의 진실을 파헤쳐 올바른 대화를 통한 관계회복을 만들어 가기 위해 제창한 대화모델이며 프로그램이다. 우리가 아무런 생각 없이 일상적으로 내 뱉는 성찰 없는 대화를 폭력적 대화라고 부르며, 로젠버그는 이에 대해 비폭력대화를 제안하는 것이다. 여기서 주의할 점은 폭력적 대화는 그저 거친 언어나 욕설을 사용한다는 뜻이 아니고, 비폭력대화도 그저 상냥하고 예의바른 언어를 사용한다는 뜻이 아니다. 우리는 부드럽고 공손하면서도 얼마든지 폭력적인 대화를 할 수 있다.

그래서 말의 방법이 참 중요하다. 비폭력대화의 기본모델은 '관찰 - 느낌 욕구, 필요 부탁'의 뼈대를 가지고 있는데, 이를 확인하고, 적용하기 위해서는 상대방의 말 뒤에 숨겨진 기본욕구와 필요를 잘 이해하고, 그것을 받아들이는 자신의 느낌과 부탁을 잘 표현하는데 관건이 있다. 그러나 그것이 그럴 듯하게 들린다고 해도, 결코 쉬운 일이 아니다. 비폭력대화의 기본개념을 바로 이해하고 습득하여 어렵지만 계속 알아차리고 적용함으로

써만 실제적인 효과를 볼 수 있다. 국제적 비폭력대화센터가 있어 이를 보급하며, 우리나라에서도 2006년 한국비폭력대화센터가 개설되었고, 학교나 교회현장을 중심으로 저변을 넓혀가고 있다.

　　이상의 개념과 프로그램들은 이름은 각각 다르지만, 조금만 살펴봐도 모든 갈등을 상호적, 관계적, 회복적으로 다룬다는 점에서 맥이 통한다는 것을 알 수 있다. 그러나 이러한 노력과 시도들이 자칫 가해자를 슬쩍 편들거나 심각한 문제를 대충 덮으며 얼버무리려는 것처럼 보일 수도 있다. 또한 여전히 생소한 부분들이 많고, 보완할 과제들이 많다. 그러므로 평화하지 못하는 개인, 집단의 심각한 관계성을 고민한다면, 제대로 숙고하고, 길을 찾아가려는 노력이 요구된다. 흔히 사회선교운동은 약자^{피해자}의 편에 서서 강자^{가해자}와 같이^{또는 대신} 싸워주는 것으로 이해한다. 일단, 맞다. 그러나 우리를 포함한 누구도 전적으로 옳지도, 모든 사실을 다 알고 있는 것도 아니며, 또 가해자와 피해자가 선명한 것만도 아니다. 그러므로 좀 더 열린 자세가 요구되며, 새로운 전환에 이러한 개념들이 유용할 것으로 보인다.

(2) 생명/생태

　　서구의 산업혁명과 자본주의의 세계적인 확산으로 인한 낙관주의가 20세기 중반을 넘어가며 점점 어두운 그림자로 변하기 시작했다. 자연을 극복하고, 인간화의 과제만 성취하면 영원한 유토피아가 올 것 같았던 인류는 드디어 전 인류적, 더 나아가 전 지구적, 전 우주적 '생존'의 문제를 고민하기 시작했다. 1972년 로마클럽이 '성장의 한계'라는 보고서를 제출하면서 인류와 지구의 미래에 대한 지성적이며 근본적인 반성들이 본격화되었다. 무한정 지속될 것 같았던 자본주의와 현대산업사회의 고속성장이 한계를 보이며, 석유 등 화석자원의 위기가 함께 겹치자 1970-1980년대 서구선진국들은 잇따라 지구의 미래를 염려하기 시작했다.

뒤늦게 산업화의 고속열차를 탄 우리나라도 1970년대 들어 급속한 공업화의 폐해가 곳곳에 드러나면서, 몇몇 선구자들에 의해서 이 문제에 대한 사회적 관심이 촉발되었다. 아직 우리나라에 온전한 개념조차 없던 시절, 1982년에 공해추방운동연합1988년, 환경운동연합1993년으로 발전한 한국공해문제연구소가 설립되면서 그 첫 발을 내디딘다. 한국공해문제연구소는 처음부터 신, 구교 기독교계 인사들의 주도로 시작되었고, 이를 모태로 기독교계에서도 1997년 기독교환경운동연대가 창립되어 지금에 이르고 있다.

자연보호, 공해70-80년대—환경90년대—생명과 생태2000년대로 옮겨가는 용어의 변천과정을 통해서도 우리사고의 변화를 살펴 볼 수 있다. 1990년대 세계적 냉전질서가 깨지면서 이제 지구환경문제는 지구적 차원에서의 현안으로 떠올랐다. 1992년 리우 유엔환경회의, 1997년 시작된 교토기후협약처럼 세계정상들의 주요의제가 되기도 한다. 화석에너지 문제에 이어 최근에는 핵 발전 문제가 인류를 위협하는 중심과제로 떠오르고 있다.

무엇보다 이제 우리 평범한 일상에서도 충분히 확인된다. 에어컨 없이는 도무지 여름을 나기 힘들어 생존을 위한 필수 제품처럼 되어가고, 폭염과 갑작스런 폭우, 잦은 기상이변이 일상으로 느껴지면서 우리는 이제 진심으로 지구온난화 폐해를 믿게 되었다. 시도 때도 가리지 않는 미세먼지로 마스크를 달고 살면서 진심으로 대기오염을 염려하게 되며, 우리는 중국과 몽골에서 나무 심을 생각을 하고 있다. 닭과 오리에, 소와 돼지를 수백만, 수천만 마리씩이나 생매장하면서 우리는 이제 정상이 아니라는 걸 느낀다.

더구나 현대 산업사회의 한계에 봉착하여 기독교는 오늘날 생태환경을 망친 주역 중의 하나로 낙인 찍혔다. 인간중심적 성장론의 주역이 서구선진국가들이고, 그들은 대개 기독교가톨릭 포함를 믿고 있기에, 그들의 낙관주의에 기반한 무한 성장주의는 바로 기독교 성서의 가르침에서 비롯되었다는 것이다. 그러므로 21세기 교회는 하나님의 형상인 인간을 소중히 여기고 존중하되, 인간중심주의 극복해야 하며 인간을 넘어선 생명존중사상에 깊이 뿌리내려야 한다. 특히 하나님의 완전한 구원은 죄와 사망의 허망한 권세에 굴복해 무너질 대로 무너진 온 세상모든 창조세계을 마침내 회복재창조에 이르게 하실 것이라는 총체적 회복의 구원론을 붙들어야 한다. 예수 그리스도의 십자가 보혈 공로로 죄사함 받고 하나님의 자녀 되는 개인구원이 출발이 되어 하나님나라의 만유회복, 재창조로 이어지는 총체적 구원론을 담아야 한다.

그러므로 한국복음주의 사회선교운동은 생명과 생태의 가치를 붙드는 운동을 깊이 고민해야 한다. 더구나 생명과 생태의 가치야말로 여전히 보수적인 한국주류기독교 지형상 가장 대중화될 수 있는 영역임에도 이를 전문적으로 다루는 활동이 우리에게 부족하다는 점에서 이에 대한 도전도 필요하리라 생각한다. 그런 면에서 최근 이박행 목사 중심으로 활발히 시작된 '한국교회생명신학포럼'을 주목할만 하다.

(3) 가정과 가족

다른 영역들도 그렇지만, 특히 가정과 가족에 대한 우리 인식변화만큼 급격하게 변하고 있는 게 있을까 싶다. 1997년 IMF 전후, 또한 2008년 세계를 휩쓴 금융위기 무렵, 갑작스럽게 파산한 가장들이 거리로 쏟아져 나오고 가정들이 속속 해체되자 가족의 가치와 소중함이 새삼 조명 받았다. 소설 '아버지'김정현, 1996년, '엄마를 부탁해'신경숙, 2008년 등이 폭발적 인기를 보인 것처럼 그때는 '힘들 땐 역시 가족이 최고여'하는 분위기였다.

그러나 눈물을 머금고 한번 떨어져 나가면 다시 가정으로 돌아가기 쉽지 않았고, 이젠 아이들마저 철들면 독립하는 게 당연한 추세로 급속히 옮겨가고 있다. 분명히 그랬다. 한국의 가부장적 문화를 가장 많이 보존하고 있는 가정은 여전히 가족이란 이름으로 경계선 없이 학대와 간섭이 만연하고, 권위주의 문화를 생산해 내는 고단한 가내공장 같았다. 인생이든, 신앙이든, 모든 사람은 먼저 스스로 주체성을 가진 독립된 한 인격으로 서야만 건강하다. 그렇지 않은 상태에서의 '함께'가 빚은 가정 내, 가족 내의 의존과 굴종, 또는 지배와 속박을 우리는 보고, 듣고, 경험해 왔다.

그러다보니 가정은 어느 새 안식처에서 가족의 발전과 성장을 가로막는

굴레처럼 여겨지기 시작했다. 여기에 장기간 불경기로 인한 사회구조의 변화, 그리고 가족의 역기능 등이 얽히고 섥혀 어느새 한국의 최대 가족구성수가 5인에서 4인으로, 다시 2인에서 곧바로 1인이 되었다. '혼밥' '혼술' 등 용어와 함께 혼자 사는 삶이 일상화되고, 선호하는 삶의 방식으로 떠오르고 있다. 심지어 혼자 사는 삶은 대중매체에 집중 조명되며 품위 있고 자존적인 반면, 가족은 불편한 속박이고, 심지어 거추장스럽고 불필요한 존재로 느껴지기까지 한다. 이러한 변화는 무한생존경쟁의 시대적 풍속도를 그대로 반영하는 불가피한 측면이 있다. 더구나 부모와 자녀로 이루어진 혈연중심의 '정상가족'이 빠르게 변화하고 있는데도, 정상을 벗어난 다양한 '비정상'가족에 대한 무시, 차별, 배제의 문제를 심각하게 인식해야 할 때이다.

그렇다고, 지금의 추세가 긍정적 변화, 발전을 위한 기쁜 선택으로만 보이지는 않는다. 혼자의 삶이 자유와 행복을 추구하는 적극적인 선택이라기보다는, 이미 여러 모로 가족과 공동체가 깨어지고, 혼자의 삶이 불가피해진 상황을 최대한 긍정적으로 해석하고, 적응하려는 몸부림처럼 느껴진다. 내 몰린 삶 말이다. 힘들어도 함께 부대끼며 살고 싶지만, '오죽하면 혼자 살겠냐?'는 절규일 수도 있다는 말이다. 생존을 위한 각자도생은 내 몰린 삶이지 대안이 아니다.

더구나 가족은 가부장제와 자본주의를 지탱하는 밑바탕이기에 사회변혁을 위한 가족 해체를 대안으로 내세우는 이데올로기적 주장도 거세지고 있는 것을 보면 말이다. 또한, 오늘날 가족해체와 혼삶의 요구 속에 개인주의, 편의주의, 이기주의적 성향을 자극해 성장의 한계상황을 돌파하려는 상업자본주의의 책략도 숨어있음을 간파해야 한다. 그리고 지금 같은 경제위기와 친환경필수시대에 한 사람이 한가구되어 자기만의 생활조건을 따로 마련하는 게 합당한지도 깊이 성찰할 필요가 있다.

우리가 단순한 혈연적 가족주의를 뛰어넘는 공동체적, 사회적 가족으로 나가야 한다면 교회는, 신앙은 무엇을 해야 하는가? 마 12:46-50, 눅 18:28-30, 요 19:26-27 전통적인 윤리관과 종교관으로는 쉽게 받아들이기 힘든 급격한 변화들이 이미 개인과 가정, 사회 안에 깊이 들어와 있다. 사회관계가 변하고 있다는 것은 이전의 틀로는 담을 수 없는 중요한 무엇이 있다는 것이다. 그러면, 사회발전과 시대의 추세로 알고 전부 수용할 것인가? 아니면 '-에 어긋난다'고 전부 거부할 것인가?

사실 겉은 멀쩡해 보이나 속은 병든 가정, 곪아 있는 가족관계가 너무나 많다. 오늘날 별 대수롭지 않는 일에도 잔뜩 독이 올라있고, 배제와 증오, 독설로 가득 찬 이유는 드러내기 꺼려하지만 병든 가정, 아픈 가족관계의 쓴 뿌리들을 가슴 깊이 담고 있는 이유가 아닐까? 그렇기에 가정이 하나님 안에서 회복되어 힘을 얻지 못하면, 사회도, 교회도 건강할 수 없다. 더 이상 가정, 가족문제는 그저 사적이거나 각자 알아서 처리해야할 집안 일이 아니다. 가족 구성원 모두가 각자 개체로 존중받고 인격으로 바로 서서, 한 개인이 하나님 앞에서 행복한 자아로 서서 건강하게 결속된 하나님나라 기초공동체가 되도록, 이젠 사회선교운동의 범주에서 다뤄져야 한다.

이는 결혼에 대해서도 마찬가지다. 지금은 '결혼이라는 이데올로기'라는 말처럼 결혼이 갖는 지나친 경직성과 '그저 그럴듯한 말과 법적 구속뿐인 결혼관계가 행복과는 다르다'는 불편한 진실이 거침없이 드러나고 있다. 그러나 신화와 이데올로기를 거둬내고서라도 결혼이란 언제 터질지 모를 불안한 동거라는 인식은 가정을 아가페사랑을 배우는 하나님나라의 첫 기관으로 세우신 뜻을 잊게 만들 우려가 있다.

'나쁜 종교에 대한 해법은 세속주의가 아니라 좋은 종교'라는 짐 월리스의 말처럼, 나쁜 결혼에 대한 해법은 이혼이나 졸혼, 휴혼이 아니라 좋은 부부관계일 것이다. '지옥 같은 삶이라도 무조건 살아야한다'는 결혼주의에 대한 대안이 '내가 원할 때까지만 살다가 싫어지면 언제든 쿨하게 갈라선다'가 될 수는 없다. 나쁜 결혼을 많이 언급하지만, 나쁜 결혼에 대한 대안으로 선택된 이혼과 재혼의 행복 만족도가 결혼보다 훨씬 떨어지는 현실은 조명 받지 못하고 있다. 더구나 그 사이에서 억지선택을 강요당하는 자녀들의 아픔과 악순환도 정당하게 다뤄져야 한다. 결혼이 더 이상 속박이나 이데올로기가 아니라, 행복한 언약관계로 이어질 수 있도록 개인적 노력 이상의 사회적, 교회적 노력이 시급하다.

출산과 낙태의 주제도 우리는 새롭게 다루어야 한다. 결혼했으니 당연히 아이는 낳아야 하고, 출산과 육아는 전적으로 여자의 몫이라는 전통적 사고방식의 폭력성이 드러나고 있다. 그래서 국가가 맡을 사회적 책임과 무임승차에 가까웠던 남성의 마땅한 역할들이 진지하게 모색되고 있다. 이미 맞벌이가 일상이 되어버린 시대에 여전히 여성에게만 가사부담을 일방적 책임을 지우는 관행을 탈피하고, 동시에 미혼모부 등 혼자 아이를 기르는 이의 부담을 나눠지는 인식전환과 행동이 필요하다.

낙태임신중절에 대한 여성들의 불만이 급증하는 것도 그 부담과 책임의 일방성 때문이다. 함께 아이를 가져도 여성에게 임신과 출산의 책임을 지우고 남성은 온데간데없이 사라지고, 처벌조차 여성에게만 지우는 관행과 법의 기준을 바꾸지 않으면, 우리는 지금처럼 태속의 어린 생명들에게 무고한 폭력을 일방적으로 지우게 될 것이다. 이제 와서는 아이 낳는 게 최고의 인간 도리며, 애국이라는 구호가 난무하지만, 지금껏 우리나라와 사회에서 출산은 생명에 대한 존중보다는 상황과 필요에 따라 입맛대로 춤추는 가부장적 정책수단이었음을 인정해야 한다.

그렇기에 반 낙태운동에서 보인 남성주의, 일방주의적 시선과 행동방식이 있었다면, 이 또한 진지한 고민과 변화가 필요한 시점이다. 그렇다고 태아를 아직 생명사람이라 할 수 없다거나 여성 몸 안에서 벌어지기에 여성 스스로 모든 결정권을 가지고 있다는 주장도 쉽게 동의하기 어렵다. 분명한 것은 비혼증가, 혼삶, 저출산과 낙태에 대한 관대함 등은 별개가 아니라 특히 희망과 목표를 잃은 젊은 층의 일리 있는 절망과 좌절로부터 비롯된 바 크다. 그러나 조금만 더 넓게, 멀리 보면 이러한 선택은 갈수록 사회의 활력을 잃게 만들고 생산연령인구15-64세의 사회적 부담은 더욱 더 커져만 갈 것이 뻔하다. 2018년 우리나라 합계출산율은 0.98명으로 조만간 국가 공동체 유지 자체가 염려되며, 데이비드 콜먼 옥스퍼드대 교수는 2006년 우리나라가 지구상에서 인구감소로 소멸될 첫 번째 나라가 될 수 있다고 경고했을 정도다. '정년연장 첫발 뗀 정부', 한겨레 2019년 9월 19일자 어느 성, 어느 계층만의 문제가 아니라, 개인과 사회, 국가공동체 전체가 심각하게 공통된 문제의식을 갖고 함께 고민하고, 대안을 모색해야할 때다.

(4) 여성

최근 들어 우리시대와 사회를 관통하는 가장 중요한 열쇠 말이 있다면 그건 '여성'일 것이다. 문학을 통해 시대와 사회의 흐름으로 살펴봐도 10-20여 년 전 '아버지' '엄마를 부탁해'의 시선은, 이미 100만부를 돌파한 '82년생 김지영'조남주, 민음사으로 바뀌어 있다. 우리시대는 여성을 다시 발견한 시대다. 세상의 절반이 여성인데도 우리, 다시 말해 이 글을 쓰고 있는 나를 포함해 남성들은 여성들을 잘 몰랐다. 아니, 몰랐는지도 몰랐다. 여성들이 살아가기에 이 세상이 얼마나 위험하고, 불안하고, 불편한지 짐작도 못했다.

솔직히 요즘 남성으로 산다는 게 점점 '불편해지고 있다.' 지금까지 아무 생각 없이 지나쳐온 일상적인 말이나 행동들도 성희롱, 성추행, 또는 차별적 행동이 아닌지 신경 쓰게 되었다. 마치 남자로 태어난 게 '잠재적 범죄자'라도 된 양 제법 불편하다. 그렇게 새삼스레 느껴진 남자로서의 불편함을 듣자 성년이 된 딸은 말한다. "아빠! 여자는 늘 그렇게 살아. 함께 있는 자리에서도 남자들은 함부로 '여자가 이렇고 저렇고' 함부로 말 하고, 공중화장실과 일상생활에서도 혹시 몰카 없나 확인해야 하고, 여자라고 함부로 대하는 건 일상적이고 …."

정말 그렇게까지는 생각하지 못했다. 그리고 보면 똑같은 잘못이라도 남성이 아닌, 여성 경찰, 여성 군인이 했다면 갑자기 검색어 1, 2위를 오르내린다. 게다가 단지 감정적이고, 심리적인 것만 아니라, 사회적 차별을 감수해야 한다. 2016년 강남역 살인사건의 피해자는 정말 여성이라서 죽은 것이다. 가정, 직장, 교회 등 모든 일상 및 공공의 영역에서 여성은 '불편함과 위험함의 일상'을 각오하고 살아온 것 같다. 이제 새삼스레 삶의 모든 영역에서 여성과 여성의 가치와 모습에 대한 감수성을 필요로 한다.

그런데 여전히 교회는 미지의, 무지의, 무법의 성역이다. 교회의 여성은 더 많은 수를 차지하고 있음에도 '뒤에서 거드는 보조자'로만 인식되고, 함부로 취급되며, 전병욱 사건에서 보듯이 성범죄 문제가 드러나도 처벌되지 않는 경우가 허다하다. 사람을 단지 남자와 여자로 창조하셨고^{창 1:27}, 남자 없이 태어난 여자 없고 여자 없이 자라는 남자 없도록 만드셨다.^{고전 11:11-12}는 사실 뿐 아니라, 성경은 분명 아버지 같은 하나님만 아니라 어머니 같은 하나님^{시편 2:7}을 보여주고 있다는 사실을 안다면 교회는 변해야 한다. 복음주의 사회선교운동이 이 분야에 대한 깊은 집중이 필요할 것이다.

21세기에 가장 중요한 이슈는 영성, 환경, 가족, 문화, 여성이란다. 지금 우리 시대를 관통하는 이러한 주제들은 이전 시대 '역사' '민족' '통일' '체제변혁' 등에 비하면 그저 사사로운 것으로, 그래서 거의 주목하지 않던, 혹은 알아도 습관과 관행이라면서 충분히 무시할 수 있었던 것들이다. 그러나 그러한 편견을 뚫고 들어가 보면 사람이 사람답게 살아간다는 게 무엇일까를 찾아가는 과정에 있음을 알 수 있다. 특히 그동안 표현할 수 없었고, 주목받지 못했던 사람들의 입장을 더 주목하는 과정에서 복음주의 사회선교의 길을 찾아봐야 할 것이다. 특권과 절대성, 권위주의를 배제하고, 점차 보편과 상대성, 일상을 존중하는 쪽으로 발전하고 있는 것으로 보인다. 물론이다. 지금시대에 두드러져 보이는 탈 권위, 상대성의 시대흐름을 잘 배워야 한다. 가부장제, 국가주의, 당회장권, 교황주의의 폐해를 더 깊이 깨닫자.

그러나 동시에 우리의 목표는 사사기 시대처럼 참된 권위를 인정하지 않음으로 저마다 자기 소견에 옳은 대로 행하던 사람들삿 17:6을 본받으려는 것은 아니다. 자기 의와 자기 자랑, 욕망의 무조건적 수용은 하나님을 거역하는 가장 기본적인 반역에 뿌리를 두고 있기 때문이다. 정당한 모든 권위까지 거세한 나만의 세상은 자유, 관용, 배려, 존중으로 가는 게 아니라, 또 다른 우상의 종노릇을 낳기 쉽다.골 3:5 얼마 전 점점 심해지는 음란, 도박물 사이트를 규제하겠다는 방송통신위원회의 결정이 표현의 자유를 침해하는 것이라며 반대하는 청와대청원에 공감이 봇물을 이루고 남성 수십 명이 집회를 갖기도 했다.

잘못된 전통과 거짓 권위에 대한 저항은 참다운 사랑과 진정한 권위 앞에 자신을 기쁘게 내어주는 자유를 다시 배우려는데 목적이 있음을 성경에서 다시 배울 필요가 있다.고전 6:12, 10:23, 24, 31 권위의 이름으로 자기 이익을 지키려는 전통주의나 자유의 이름으로 자기 욕망을 섬기려는 욕구숭배도 우리의 참된 목표일 수 없다.롬 14:17

2. 차별과 배제, 증오로 얼룩진 기독교 현상과 싸워야 한다.

이제는 정치의 현장이나 거리의 외침보다 인터넷 댓글을 더 의식하는 시대가 되었다. 문제는 인터넷을 떠도는 온갖 정보와 주장들이 사실과 거리가 먼데도, 알면서도 정치인들조차 외면하지 못한다는데 있다. 특정계층 또는 특정인들에 대한 색깔 칠하기, 무분별한 차별과 배제, 증오는 가짜뉴스로 만들어져 활발히 유통되고 있다. 그런데 그 가운데 상당부분이 기독교보수정치운동과 연결되어 있음이 확인되고 있다.

되돌아보면 인터넷과 강의 등을 무기로 무차별적인 종북론과 배교론을 쏟아내는 거짓선전에 복음주의 사회선교운동도 한 차례 크게 진통을 겪은 적이 있다. 2013년 자칭 문화선교사 박성업 등은 성서한국 전국대회를 앞둔 시점에서 성서한국과 성서한국운동에 참여하고 있는 주요단체, 교회, 인사들을 종북이며, 심지어 간첩이라고 비난하는 동영상을 유튜브 등으로 알리고, 곳곳의 강의를 통해 확산해 온 것이다.

사랑의 교회 오정현 목사 논문 표절사건이후 뉴스앤조이라고 하는 ^{이단을 정죄하는} 언론을 통해 교개연, 기윤실, 성서한국등이 성명서를 발표한다. 이름만 틀리지, 본질은 다 같은 단체이다. ⋯ 이 단체들의 재정을 공식후원계좌인 한빛누리라고 하는 한군데에서 지원한다. 한빛누리는 본래 홍정길 목사님이 북한사역하기 위해서 만들어진 단체이다. 이 단체가 모든 재정적 지원을 해준다. 한빛누리가 김일성을 옹호하는 한상렬목사가 있는 예수살기라는 단체도 지원해준다. ⋯ 이러한 단체들의 교육기관인 기청아는 주체사상을 믿는 사람을 길러내는 주사파식의 교육을 하고 있다.

1. 교회개혁실천연대

2. 기독교청년아카데미

3. 아름다운마을 공동체

4. 성서한국

5. 기독교윤리실천운동

6. 교회세습반대운동

단체들의 특징

– 키리졸브 훈련반대+무조건적인 대북지원

– 제주도 해군기지 반대: 제주도는 간첩들이 많이 숨어들어오는 곳이다.

– 국가보안법 폐지

▼ 조직도 PPT 55:12

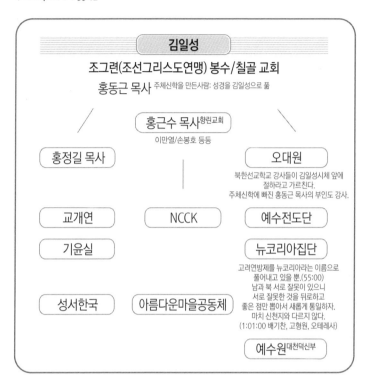

이들은 진리를 인본적으로 대체한다. 그리고 나면 종교다원주의가 들어오게 된다. 이들의 결론은 김일성이다. 교회를 비방하고 깨뜨린다.

김일성의 비밀교시^{황장엽의 주체사상}를 보면 큰교회를 무너뜨려라라는 교시가 있다.

신사도운동을 비판하지만 신사도운동은 핑계이다. 궁극적인 목표는 반공하는 교회들을 공격하는 것이다.^{당시 유튜브 녹취록 참조}

박성업 등의 글과 강의내용은 추측, 억측, 거짓말이 뒤섞여 과거 안기부에서 간첩단 사건 조작하듯 조직도까지 그려놓았는데, 우리 운동 사정을 잘 아는 사람들은 제멋대로 이어붙인 관계망을 보고 실소를 금치 못했다. 소송의 공방까지 오갔고 2013년 성서한국대회를 앞둔 상황이어서 온갖 우려가 많았지만, 우려와는 다르게 오히려 참가자는 더 늘어났고, 사상 첫 흑자대회를 치르며 잘 마쳤다.

그러나 그들은 더욱 조직화하여 최근 에스더기도운동의 형태로 드러났다. 언제부터인가 「종북좌파-동성애-이슬람」의 프레임이 개인, 교회, 노회, 총회 등 기독교계 전반을 넘어 사회와 정치권에까지 유포되기 시작했다. 차별금지법은 동성애 지원법이라는 덧칠을 당해, 각 선거 때마다 정치인들을 압박하는 무기로 활용되고 있다. 한겨레신문은 이러한 대표적 가짜뉴스들의 진원지가 다름 아닌 에스더기도운동임을 확인하는 연속기사를 올렸다.

2018년 5월 500여명의 예멘인들의 난민 신청이 주요뉴스로 떠오르면서 보수적 기독교계에서는 앞서의 프레임에 '난민'까지 이어 붙여 「종북좌파-동성애-이슬람-난민」이라는 기괴한 도식을 다시 선보였다. 2018년 9월에는 대표적 보수교단인 예장 합동 총회 신학부 보고에서 교회개혁실천연대, 기독연구원느헤미야, 성서한국, 좋은교사운동, 청어람ARMC, 복음과상황 등의 설립목적과 성격, 미치는 영향을 연구 검토하게 해 달라는 청원이 받아들여지기도 했다. 또 인터넷매체 크리스천투데이도 2018년 12월 아름다운 마을공동체와 기독청년아카데미가 북한의 주체사상과 북한

체제를 찬양, 고무하였다는 기사를 올려 다시 파장을 일으켰다. 그 내용을 살펴보면 앞서 2013년에 유포된 허위사실들을 거의 그대로 인용한 2018년 판 종북 마녀사냥이었다. 강의 중 "주체성을 가지고"라는 표현을 주체사상을 가르치는 것으로, 금강산호텔의 북측 선전문구 앞에서 찍은 사진을 보고 주체사상을 고무찬양하는 것으로 주장하는 식이다. 그런 식이면 평양냉면, 함흥냉면 전문점에서 사진 찍어 올리는 것도 북한체제 선전이 될 것이다. 우리 사회선교운동 단체들은 거의 영세해서 재정시스템과 후원금에 대한 기부금영수증 발급 등을 위해 한빛누리 재정시스템을 이용한다. 그런데 몇 해 전 박성업 등은 그걸 보고, 한빛누리가 단체들 먹여 살리는 큰 손이라는 식의 무식한 억측을 했는데, 사실을 바로 잡는 설명을 해주어도 지금도 그런 억측으로 한빛누리를 괴롭히기도 한다.

정작 더 큰 문제는 이러한 몇몇 신학적, 정치적 근본주의자들의 황당한 주장들이 한국개신교사회와 교회대중들에게 적지 않게 확산되고, 공유되고 있다는 안타까운 사실이다. 그러나 이러한 한국개신교의 정치적 근본주의도 오래된 뿌리와 과정이 있다. 그 역사를 책 뒤에 부록으로 첨부하니 참고 바란다.

그러면 이런 현상들이 2000년대 이후 더욱 확산되는 이유는 무엇일까? 나는 이렇게 생각한다.

첫째는 잘못된 피해의식이다. 특별히 해방 후 한국현대사에서 개신교는 실제 교세보다 늘 강자였고, 주류였다. 해방 초에는 물론 지금도 여전히 한국 종교인구의 가장 다수는 불교이지만, 세계 NO.1으로 떠오른 미국과 가장 먼저 선을 댈 수 있었던 개신교가 한국사회에서 차지하는 위상은 당연히 내로라하는 정치인들도 함부로 할 수 없는 성역이었다. 70년의 헌정사에 배출된 12명의 대통령 가운데 무려 3명이 기독교 장로라는 사실, 전체 국회의원들 가운데 개신교인 비율도 늘 전인구 대비 개신교인 비율의 두 배 정도라는 사실 등을 보면 잘 알 수 있다. 한국개신교가 그 무서운 30년 독재정권에 대항하는 강력한 진지가 될 수 있었던 데에도 미국 등 소위 서방 자유우방세계와 뿌리가 닿아있는 교회를 함부로 할 수 없다는 부담 때문이다.

그러나 역설적이게도 군부독재정권이 물러나고 1993년 민간정부인 김영삼 정부가 들어서고, 세계적으로도 동구권이 몰락해 동서 간 이념대립이 퇴조하던 시기에 상황이 돌변한다. 한국사회도 반공이데올로기가 한풀 꺾이고 이후 민간정부들은 사회민주화 개혁을 앞세우며 개신교를 비롯한 종교계에도 이전과 같은 절대성역의 지위를 부여하지 않았다. 그러나 이러한 변화는 실제 교세를 상회하는 성역대접을 받았던 개신교의 자존심에 큰 상처로 여겨졌고, 심지어 박탈감과 탄압을 받는다는 피해의식까지 불러 일으켰다.

그래서 서슬 시퍼런 군사독재정부 아래에서는 정교분리를 외치며 교회 안의 안식만 설교하던 사람들이, 민간정부가 들어서자 갑작스레 세상 속에서 교회의 책임을 말하며, 정치, 경제, 사회, 문화, 남북관계 등 모든 영역에서 목소리를 높였다. 특히 단군상 건립반대운동 및 불상훼파사건, 동성애 반대운동, 종교인 납세반대운동 등에서 보듯 개신교인들은 진리를 사수한다는 명목으로 거리집회와 공격적 행동을 서슴지 않았고, 나아가 교회와 한국교회를 보호하기 위해서라도 정치권력을 추구해야 한다고 주장하며 기독교정당을 추구하는가하면, 가짜뉴스까지 만들어 온 사회에 유포하는데 주저함이 없다. 우리는 다원화된 사회에서 사는 것과 종교적 다원주의 사이를 구별할 줄 모르는 것 같다.

그런데 둘째로 더욱 심각한 것은 이들이 '한국교회' '진리' '성경'을 내세우지만, 그 힘을 주류개신교회나 교회지도자 개인의 기득권 보호 차원에서 활용하려 한다는 점이다. 90년대 이후 특권과 성역을 거부하는 사회적 분위기 속에서 예전부터 있었던 교회세습, 재정 비리와 전횡, 교회의 부정과 부패, 유명 목회자들의 성폭력 등 비도덕적 사건과 사고 등이 많이 드러났다. 처음에는 무조건 부인하거나 개신교나 교회 전체와는 상관없는 그저 일부의 일탈일 뿐이라는 소극적 태도를 보였다. 그러나 최근에는 그러한 수세에서 벗어나 북한과 안보에 대한 불안함, 테러에 대한 공포감을 조장하거나 막연한 혐오감과 두려움을 자극하는 방식으로 따가운 시선을 피해보려는 의도가 짙게 느껴진다. 세습과 성범죄, 전횡 등에서 자유롭지 못한 당사자들일수록 자신들을 향한 공격이 종북과 동성애 세력에 의한 교회탄압이라고 더 소리 높여 변명하는 일들을 보게 되는 것은 우연이 아닌 것 같다. 최근 한기총과 기독당 대표를 맡고 있는 전광훈 등이 시국집회마다 나라와 교회를 지킨다며 엉뚱한 선동에 나서는 장면이 그 전형이다.

셋째, 냉전시대, 분단시대의 사고틀을 벗어버리지 못한 신학적, 사회적 게으름이다.

여전히 북한이 지상낙원이요, 주체의 나라라고 믿는다면 그건 진보가 아니라 수구요, 시대와 변화를 깨닫지 못하는 게으름이다. 마찬가지로 남북대화, 협력은 곧 북한의 위장평화전술에 나라를 팔아넘기는 일이라 여전히 믿는다면 그건 보수가 아니라 퇴화요, 하나님이 이끌어 가시는 역사에 애써 눈을 감으려는 고집이다. 남북 간 국가연합이나 연방제 말만 나와도 옥석을 구분하기 전에 무조건 북한의 고려연방제 밖에 생각하지 못하는 사고방식으로는 하나님께서 역사를 이끌어 가시는 섭리를 볼 수 없는데도, 적지 않은 개신교인들이 2020년이 가까운 시대에도 여전히 1970년대 논리로 사고하며, 판단하고 있어 안타깝다.

2018년 들어 남북 및 북미 등 한반도를 둘러싼 분단체제가 급격하게 변하고 있다. 물론 단번에 모든 문제가 해소되고, 오랜 분단시대의 관성이 쉽게 풀리지는 않을 것이다. 그럼에도 불구하고, 이제는 남북한 뿐 아니라, 미국, 중국, 러시아, 일본 등 주변국들 모두가 동북아 냉전구조의 불편함을 공유하기 시작했다. 이럴 때 우리도 이데올로기적 진영논리를 벗어난 참된 복음정신의 사회선교운동 필요하다. 한 예로, 똑같이 분단체제의 모순과 연관되어 젊은이들이 억울하게 희생되었는데도, 천안함 사건은 보수만의 아픔으로, 세월호 참사는 개혁진보만의 슬픔으로 기억되는 것은 분명 또 다른 분단논리다. 마침 2018년 남북정상회담을 환영하며, 성공을 기원한다는 대표적인 보수단체 재향군인회와 자유총연맹의 성명은 감동을 주었다. 진보개혁진영에서도 천안함 희생자들을 추모하고, 생존자들의 아품을 진심으로 함께 공감하는 것이 한반도평화시대의 정착을 위해 꼭 필요한 일이라 생각한다. 물론 세월호의 진상 뿐 아니라, 천안함의 진실도 더 파헤쳐야 하지만 말이다.

현재 개신교와 교회는 복음의 본질인 사랑과 용서가 아니라 차별과 배제, 증오의 대명사로 비치고 있다. 사랑과 구원의 복음을 믿는 개신교가 '-을 반대하는' 차별과 배제로 먼저 기억되는 지금의 현실은 그저 그들만의 잘못을 넘어 한국 개신교 전체의 현주소라 인정하지 않을 수 없다. 복음주의 사회선교운동도 그 오명을 함께 뒤집어쓰고 성찰하되, 사랑과 화해의 가치가 더 드러날 수 있는 운동과제 창출에 더욱 힘써야 할 것이다. 그 뜻에 동의할 수는 없어도 그 사람을 존중할 수는 있다. 복음은 복음을 믿는 사람들을 통해 확인된다. 벧전 3:15-16

나가는 말

사회선교운동은 하나님나라를 응시하는 것이다

돌아보면 그리 긴 시간 같지 않은데, 이 땅에 복음주의 사회선교운동이 시작된 게 벌써 30년이 흘렀다는 게 놀랍기만 하다. 모든 사람은 자신이 참여한 일에 대해서는 더 특별한 의미를 부여하게 마련인 것처럼, 이 운동에 함께한 사람들 역시 그럴 것이다. 그러나 역사를 살펴보는 이유는 자화자찬이 아니라, 우리가 걸어온 길을 통해 지금 서 있는 자리를 확인하고, 계속되는 시대의 과제를 제대로 다짐해 보려는 마음일 것이다. 우리가 무엇을 하며 어떻게 살아왔든, 그 모든 것은 하나님나라와의 관련성에서 제대로 평가될 것이다. 그러므로 사회선교의 이름으로 행한 30년도 마땅히 그 맥락 안에서 우리 스스로 재평가되고, 앞으로의 활동도 그렇게 구상되어야 할 것이다.

첫째, 비록 지체된 듯 보여도 하나님의 인애와 공의로운 심판은 집행되고야 만다.

그리스도인은 당장 눈앞에서는 아무 것도 드러나지 않아 한없이 무기력해 보일지라도 온 세상의 참된 주인이신 하나님이 다스리시니^{행 4:24-26} 끝

하나님나라를 응시하다

내 자비와 공의로 바로 잡으실 것을 믿는 사람들이다. 그러나 이렇게 고백하고서도 사회선교 현장에서는 자주 무기력함을 느낄 때가 많다. 해도 해도 너무한 일들이 많은 것이다. 2014년 세월호 사건이 터졌을 때 많은 사람들이 함께 분하고 너무 억울했지만 원한은 풀릴 기미가 보이지 않았다. 300여명의 소중한 목숨이 물속으로 허망하게 사라지는 모습을 두 눈 멀쩡히 뜨고 목격하는데도 발전한 문명국가의 정부는 거의 아무 일도 하지 않았다. 나 역시 당시 고등학교 2학년이던 우리 딸과 동갑인 아이들이 눈에 밟혀 오랫동안 감정을 추스르기 힘들었다.

복음주의에서도 추모와 진상규명을 촉구하며 한동안 거리예배를 드렸다. 하루는 나도 설교자로 부름 받아 '하물며 간절한 부르짖음을 풀어주시지 않겠느냐?'눅 18:1~8는 제목으로 설교했다. '도무지 풀 수 없는 사무친 원한을' 어떻게든 풀고 싶은 어느 과부가 다른 방도가 없기에 '도무지 들어줄 것 같지도 않은 못된 재판장에게' 찾아가 호소한다. 역시 듣지 않는다. 그러나 과부는 포기하지 않고 매일 가서 부르짖고 또 부르짖는다. 그런데 그 못된 재판장이 결국 지겨워서 과부의 원한을 풀어준다.5절 예수님은 그렇게 못된 재판장도 날마다 부르짖는 과부의 맺힌 원한을 풀어주는데, 하물며 선한 재판장이신 하나님께서 밤낮 부르짖는 간절한 호소를 외면하시겠느냐고 물으신다. 그러니 우리도 그런 과부의 심정으로 세월호의 한을 끝까지 함께 부르짖자는 설교다. 그러나 예수님이 여기 덧붙여 "그러나 인자가 와서 원한을 풀어줄 때까지 믿음을 지키며 계속 부르짖을 사람들을 과연 볼 수 있겠느냐?"[8]절 반문하시듯, 그렇게 설교한 나조차 돌아서면서 세월호의 원한이 과연 풀어질 수 있겠느냐는 의심을 떨쳐버리기 힘들었다.

실제로 처참함은 계속됐다. 참사 직후 치러진 총선에서도 여당은 이겼고 자신만만한 대통령과 정부, 여당은 더더욱 자신만만하게 정국을 주도해 갔다. 그러나 자기 힘에 스스로 취해 안하무인을 일삼던 정부, 여당은 그로부터 채 2년을 넘기지 못하고 촛불의 거센 함성에 무너져 버렸다. 그 후 겨우 1년여 만에 우리는 도무지 일어날 수 없을 것 같은 엄청난 반전들을 지금도 목격하고 있다. 2017년만 해도 한반도는 불바다가 될 것이라는 우려가 끊이지 않았는데, 2018년에 들어서자 무려 세 차례의 남북 정상회담과 최초의 북미정상회담이 열렸고, 평화를 향한 한반도의 대전환은 지금도 진행되고 있다. 세월호 참사 뿐 아니라, 너무 오랜 세월동안 거리를 떠돌게 했던 용산참사, 쌍용차, KTX 여승무원, 그리고 2018년 대미를 장식한 파인텍 고공농성 타결까지 때가 차니 하나님은 거침없이 일을 진전시키셨다.

그러나 그런 기적들은 그냥 일어난 일이 아니다. 우리 시대 과부들이 그 오랜 세월 정부와 하늘에 원한을 호소했고, 또 그런 우리 시대 과부들의 호소를 선하고 의로운 재판장이신 하나님께 드리는 상소로 듣고 함께 울부짖는 자들이 있었기에 가능한 일이다. 사회선교사란 이처럼 고아와 과부들의 하나님을 아버지로 믿고 당대의 과부들과 함께 하늘에 상소하는 자들이다. 그러나 과부도, 함께 상소하는 자도 결국 일을 되게 하는 재판장은 아니다. 사실 우리는 진짜 사랑이 아니라 값싼 동정심으로 일할 때가 많다. 또 공의보다 자기 공명심과 의로움에 도취될 때도 있다. 때론 옳은지 확신할 수 없어도 목청껏 주장하거나, 그때는 옳다고 여겼는데 나중에 더 꼼꼼히 살펴보니 엉뚱하게 판명된 것들도 적지 않다.

그러므로 열심히 일하면서도 우리의 지혜와 시대의 한계성을 인정하는 것이 정말 지혜로운 일꾼이다.전 3:1-11 자기시대, 자기세대에게 주신 하나님나라의 특징을 고정불변의 상수로 여기는 순간, 하나님의 뜻도 받들지 못하고 사회와 이웃도 섬기기 힘들다. 그 누구도 하나님보다 더 자애로우며, 옳고, 정의로울 수 없다. 그러므로 피조물의 한계를 인정하고, 하나님께서 바로 잡으실 때까지 우리의 할 도리를 계속하는 것이다.

둘째, 또 다시, 하나님나라, 총체적 복음, 사회선교!

나는 이 책을 하나님나라, 총체적 복음, 사회선교라는 용어를 정리하면서 시작하였다. 내 개인에게나, 우리 한국교회사에나 그것이 정말 중요했기 때문이다. 그러나 책을 끝내면서 나는 또 다시 그 용어들을 언급하며 이야기를 마치려고 한다. 이 책의 시작에서 끝 사이의 거리만큼이나 청년시절 내가 알고 믿었던 그 사전적 정의가 30년 정도 지나온 지금의 내겐 너무나 달라져 버렸기 때문이다. 사전적 정의들만으로는 이제 더 이상 나를 가슴 뛰게 하지 못한다.

다시, 총체적 복음: 내가 성서한국에서 실무책임을 맡고 있을 때 '성서한국운동이 뭐냐?' 물으면, 나는 모든 것을 알고 있는 듯이 자신 있게 대답했다. '교회나 주일에 머물지 않는 일상과 현장의 하나님나라운동, 총체적 복음운동이다.' 그러나 이제 돌아보니 그것은 여전히 총체적 복음은 아니었다. 사회선교만 가장 가치 있는 일인 줄 믿으며 살다 보면, 자칫 부자, 권력자들과의 싸움 이전에 모든 생명과 풍성한 세상을 빼앗으려는 사탄과의 영적 혈투요 10:10, 눅 11:18-20를 잊고 살아가기 쉽다.

어떤 사람들은 자신이 그리스도를 영접하여 평안하고, 기쁘고, 죄사함 받은 은혜에'만' 빠져 있다. 또 다른 사람들은 성령에 의지하여 병자를 치유하며 귀신을 쫓아내기'만' 한다. 그러면 우린 어떤가? 굶주린 사람을 먹이고, 벗은 자를 입히고, 자본과 권력에 억눌린 사람들의 편에 서서 불의를 고발하고 정의를 바로 세우려고'만' 한다. 복음의 총체성 안에서 하나'만' 붙들면서도, 그게 복음의 전체라고 오해하기 쉬운 것이다.

그러나 우리 주님은 조금 전 하나님나라의 일을 말씀하셨지만, 또 병든 자를 고치셨고, 이내 굶주린 자를 먹이셨다.눅 9:11-17 물론 우리가 한 번에 모든 걸 다 해야 한다는 말이 아니다. 더구나 각자의 부르심의 자리와 역할은 다 다르다. 다만, 우리가 총체적 복음 가운데 한 부분만 붙들고 있다는 사실, 나와 다른 모습의 사역이 총체적 복음을 함께 만들어간다는 사실을 잊지 말자는 말이다. 메시지 선포의 방식이든, 병고치고 귀신을 쫓아내는 것을 통해서든, 아니면 배고픈 자를 먹이고, 불의한 사회구조를 힘써 개선하는 노력이든, 아무튼 우리는 복음의 증인이다. 그 모든 역할과 사역들이 십자가 구원과 복음의 풍요로움을 드러내어 주는 하나님나라 사역들이다. "예수께서 온 갈릴리에 두루 다니사 그들의 회당에서 가르치시며 천국 복음을 전파하시며 백성 중의 모든 병과 모든 약한 것을 고치시니"마 4:23 "예수께서 모든 도시와 마을에 두루 다니사 그들의 회당에서 가르치시며 천국 복음을 전파하시며 모든 병과 모든 약한 것을 고치시니라. 무리를 보시고 불쌍히 여기시니 이는 그들이 목자 없는 양과 같이 고생하며 기진함이라."마 9:35-36

그러므로 하나님 말씀에 의지해 찬양을 인도하고, 병자를 위해 기도하고, 주님의 이름으로 귀신을 쫓아낸다면, 사회선교사들은 사회선교의 근거구절을 붙들고 신문을 펴놓고 기도해야 한다. '복음'과 '상황', '성서'와 '한국'은 우리가 끝까지 함께 붙들어야 할 하나님나라의 실체다. 우리는 그 중 하나를 마음대로 취사선택할 수 없다.

다시, 사회선교: 하나님은 당신의 마음에 둔 선한 구상이 '그대로 되었다' 할 만큼^{창 1:7, 9, 11, 15, 24, 30} 멋진 세상을 만드셨다. 해와 달, 별 등 우주도 영롱했고, 꽃도, 나무도 너무 싱그러웠고, 노루, 여우, 호랑이, 그리고 상어와 문어도 서로 헤치지 않고 어쩜 그리 잘 지내는지 보시기에 좋았다. 사람들도 서로 사랑하며^{창 2:18-25}, 그 멋진 만물들을 하나님의 뜻에 맞춰 잘 보살피고 가꾸며, 그 속에서 행복을 누렸다.^{창 1:26-28} 모든 창조세계가 그 자체로나, 서로의 관계에서나 풍성했고, 아름다웠고, 그대로 '좋았다.'^{창 1:4, 10, 12, 18, 21, 25, 31}

그러나 이런 말씀을 읽으면 지금 우리는 화가 난다. 차라리 가만히 놔뒀으면 제 발로 탈출했을 아이들을 어른들이 죽여 놓고도 '미안하다' 말 할 줄 모른다. 세계 곳곳에서 단지 민족, 인종, 종교가 다르다는 이유만으로 아이도 죽이고, 엄마도 죽이고, 노인도 죽인다. 지역축제라는 이름으로 재미삼아 무려 76만여 마리의 물고기를 때려잡으면서도 '가족의 추억 만들기'라고 부른다. 더 뜨거워지고, 더 숨 막히고, 더 위험해진 생태와 자연을 몸소 겪으면서도, 더 많이 만들어내고, 더 많이 써대야 세상이 돌아간다. 그런데 도대체 이 망가진 세상은 누구 탓이며, 우리는 이 분노를 어디에 쏟아야 할까? 그러다 보니 모두가 모두에게 이글이글 증오에 불타고 있다.^{딤후 3:1-4} 이름만 대면 점잖은 사람들이 익명성이 보장되는 인터넷만 들어가면 지옥 염라대왕 같은 독설들을 아무에게나 쏟아낸다. 우리가 보기에도 이 지경이니, 세상을 아름답게 지으신 하나님 보시기에는 얼마나 악할까?

하나님나라를 응시하다

창 6:5, 6

사회선교의 신학적 근거는 하나님이 만드신 세상이 처음에는 이렇지 않았다는 참회, 슬픔과 통곡롬 8:19-22, 그리고 어쩌다 이 지경까지 되었느냐는 분노에서 출발한다. 그런데 처음에는 세상을 탓하고, 다른 사람들을 고발하고, 비난하다가 결국 내 자신을 고발하게 된다.롬 2:1 처음에는 어떤 나쁜 놈들을 욕하다가, 그를 만든 세상을 보게 되고, 결국 내 자신에게도 생생히 발견되는 참혹한 죄성을 만나게 된다. "우리가 도대체 세상과 우리 자신에게 무슨 짓을 한거야?" 그래서 엄청 교만하게 시작했다가 매우 비참해 진다.롬 7:21-24 그럼에도 불구하고 이 모든 좌충우돌이 하나님의 치유와 회복을 과정임을 깨닫고 감사하게 된다.롬 7:25 그러므로 사회선교는 분명히 모든 것을 새롭게 하실 '하나님의 선한 나라'를 보여줘야 하고, '예수 그리스도의 복음'을 담고 있어야 하고, 그로 인해 '사회변혁 속에서 선교'의 열매가 나타나야 한다. 따라서 '사회'선교는 분명히 사회적 '선교'다.

다시, 하나님나라: 몇 년 전 약 7개월 정도 택배기사로 일한 적이 있다. 요즘 와서는 택배배송이 얼마나 열악하고, 힘겨운 노동인지 더 많이 보도되고 있지만, 나는 그때 적당히 낭만적인 생각을 품고 시작했다가 엄청 고생했던 기억이 지금도 생생하다. 그런데 그보다 더 놀라운 기억이 있다. 우리들은 택배물품 1개당 700-800원을 받는다는 이유로 하루 10-15시간을 일한 것도 모자라 퇴근 후나 때로는 휴일까지도 배송사고로 긴장해야하는 철저한 '을'로, '택배물건만도 못한 취급'을 받으며, 서러워했다. 그런데 별다른 티도 내지 않고 그저 일하러 다녔을 뿐인데, 어느 날부터 자신들과 똑같은 택배기사인 내가 목사라는 이유만으로 적지 않은 동료기사들이 내게 위로를 받더라는 것이다. 어느 동료는 아침마다 나를 일부러 찾아와 꼭 끌어안고, 하루 일할 힘을 받는다고 했다. 또 다른 동료는 매일, 전날 자기가 당한 '진상고객의 갑질 간증'으로 스트레스를 풀었는데, 내가 같이 맞장구쳐주니 그렇게 좋아할 수가 없었다.

그해 송년회를 마치고 헤어지는 자리에서 사장님이 내게 기도를 권했다. 순간 당황했지만, 내가 할 수 있는 가장 진정성 있는 마음으로 기도드렸다. 그것은 정치, 경제에 대한 내 해박한? 지식이나, 불의한 사회구조에 대한 불타는 적개심 고취가 아니라, '하나님은 당신들을 사랑 하십니다!'라는 매우 CCC한국대학생선교회적인 기도였다. 그 순간, 그들이 목말라하며 가장 듣고 싶었던 것이 바로 그 기도라는 사실을 나는 그들과 함께 지내며 느낄 수 있었기 때문이다. 그때 내가 진짜 그들의 목회자가 된 기분이었다.

그곳이 가정이든 직장이든, 해외선교 또는 사회선교의 자리든, 우리가 현장에 있어야 하는 이유는 꼭 우리가 대단한 능력을 가지고, 늘 엄청난 성과를 내기 때문이 아니다. 있어야할 그 자리에 그리스도인이 있지 않으면, 그들은 '하나님이 당신의 외아들을 주실 정도로 세상우리을 사랑 하신다'

요 3:16는 사실을 믿을 수 없고, 오히려 자신들이 버림받았다고 느끼기 쉽기 때문이다. 그러므로 있어야할 그 자리에 있어서, 하나님의 메시지가 되는 게 선교요, 하나님나라의 증거일 것이다.

그러므로 사회선교는 분명히 총체적 복음 안에 있고, 그 모든 것은 하나님의 주되심과 다스리심의 증거, 곧 하나님나라의 일이다. 우리가 그분의 힘으로 그 일을 하고 있다면 하나님나라는 이미 여기 왔다.마 12:28 우리는 새 하늘과 새 땅, 하나님나라를 바라보며 산다.

인물로 읽는 사회선교운동

삼국사기보다 삼국유사가 재미있는 것처럼 역사는 원래 정사보다 야사가 재미있다. 우리 복음주의 사회선교운동에도 야사들이 참 많다. 그리고 그 재미있는 야사들에는 하나같이 좋은 사람들이 있다. 그 중에서도 우리 운동 현장에서는 일부러 설정하기도 힘들만큼 어울리는 파트너들의 아름다운 동행을 목격한다. 이 글은 고향, 학력, 경력과 업적 같은 객관적인 정보를 주려는 목적이 아니다. 우리 운동에서 만나는 인간적인 너무도 인간적인, 그래서 은혜스러운 너무도 은혜스러운 사람들의 관찰기요, 목격기다.

강경민49년생**과 이문식**54년생: 두 사람은 우리 사회선교운동의 가장 큰 형님들이다. 두 사람은 겹치는 이력이 참 많다. 1980년 총신대학^{예장 합동}에서 합동신학교가 분리될 때 함께 나와 학교를 함께 다니며 맺은 형과 동생의 관계를 지금껏 40년 가까이 유지하고 있는 끈끈한 동지다. 우리 운동판에는 '이문식이 구상하면, 강경민이 조직을 만들어 이끌다가, 이문식에게 물려준다.'는 게 공식처럼 되어 있다. 이문식은 호탕하고 달변이고 좌중을 휘어잡으며 자주 시국예견을 한다. 그러나 의외로^(?) 매우 유하다. 반면, 강경민은 호리호리하고 약간 수줍은 색시처럼 반달눈으로 웃으며 유해보이지만 한번 불이 붙으면 갈수록 이름처럼 '강경'해 진다.

아무튼 두 사람은 80년대 중반 오늘의 복음주의 사회선교운동을 출범시킨 가장 중요한 산파로 함께하여 남서울교회도 같이 거치고, 남북나눔운동과 성서한국운동, 복음주의목회자운동을 자리 잡게 한 장본인들이다. 소속교단인 예장 합신에 전혀 어울리지 않는 언행으로 늘 교단의 경계를 넘나들지만, 또 함부로 할 수 없는 무게감을 갖고, 언제든 '잘리면 잘리리로다.'를 신조로 삼고 있다. 강경민은 성서한국 이사장 시절 사무국 급여가 부족할 때마다 자신의 교회사례를 먼저 입금시켜준 따뜻한 선배였고 그 마음을 나는 지금도 잊지 못한다. 우리 선배들은 자기 돈 털어가며, 섬겼다.

박득훈^{52년생}**과 방인성**^{54년생}: 강경민과 이문식이 조직운동의 대부라면,

박득훈과 방인성은 현장운동의 대부라고 할 것이다. 두 사람의 인연도 꽤 오래됐다. 둘은 영국 런던 한인교회당시 담임 이승장 목사에서 함께 목회하며 처음 맺은 파트너쉽을 귀국 후 성터교회 동사목사로 이어갔고, 숱한 교회개혁과 사회개혁 현장에서 계속 이어오고 있다. 무엇보다 기윤실 건강교회운동에서 함께 일하다가 한계를 느끼고 나와 본격적인 교회개혁운동을 시작한 것이 지금껏 이어지는 큰 동력이 되고 있다.

　두 사람은 가장 선배 격임에도 모든 사안을 흉내만 내지 않고 근본적인 개선에 이를 수 있도록 선명한 운동을 주장하였고, 그 주장에 걸맞게 실제 거리와 현장들에서 몸으로 함께 했다. 그래서 에큐메니칼과 막힘없는 소통력을 가지고, 추운 겨울과 뜨거운 여름에도 가장 일찍부터 가장 늦게까지 현장을 지켜주는 선배들이다. 맘몬주의를 하나님나라의 가장 큰 대적으로 보는 박득훈은 해박한 지식과 선명한 메시지로 우리 운동이 놓치지 말아야할 방향을 제시하고, 적지 않은 나이에 다른 이에게 콩팥을 떼어주고 세월호 정국을 돌파하기 위해 40일 금식을 감행하는 등 방인성은 살신성인의 본을 보여준다. 우리 선배들은 자기 몸 바쳐가며, 섬겼다.

김회권60년생**과 김근주**66년생: 사회선교운동과 우리의 삶에 조직과 실천이 매주 중요하지만, 운동의 푯대를 세워주는 하나님나라 신학이 없다면 맹목적인 열정에 그칠 수 있을 것이다. 한국복음주의 사회선교운동에 두 사람이 없었다면 하나님나라의 그 풍성함과 역동성은 이해되기 힘들었을 것이다. 김회권은 우리 운동의 처음부터 함께한 1세대로 미국 유학을 마치고 귀국한 시점에 시작된 성서한국 대회마다 신학과 상황을 하나님나라로 읽어주는 탁월함으로 감탄을 자아냈다. 말하지 않아도 경상도 사람인 것을 증명하는 강한 사투리로 쏟아내는 하나님나라 신학은 선명하고 거침없지만, 삶은 세심하고 포용적이어야 함을 목회와 운동에서 많이 보여주었다.

해박한 지식과 달변가로 알려진 교수 김근주는 사실 기문연 출신의 사회선교운동 1세대다. 본인 말로는 그 후 이 동네에 다시 돌아오지 않으려 했다지만, 2008년 첫 지역대회인 한동대회 주강사로 불려낸 것이 귀환의 시작이 되었다. 그의 강의를 듣다보면 어느 새 '쩨다카'^{공의}와 '미쉬파트'^{정의}라는 단어를 '겁-나' 많이 들어 외우게 될 만큼 이 단어들은 그의 전매특허다. 엘리야와 엘리사처럼 하나님나라신학을 이어받아 전하는 두 사람의 공통점은 빠른 말, 튀는 침, 그리고 그 메시지에 꼭 맞는 표현을 찾아내어 전하는 놀라울 정도로 정확한 언어구사 등이다. 사회선교현장에서 만나는 우리 선배와 동료들은 이렇게 멋있다.

한국개신교와 정치적 근본주의

1. 친미반공과 함께 성장한 한국개신교

우리나라에 개신교가 전래된 것은 가장 먼저 미국 선교사들이 내한하기 시작한 19세기 말이며, 특히 20세기 초가 되면 벌써 평양 등 서북지역에는 개신교세가 상당한 영향력을 확보하였다. 강인철은 1992년 역사비평에서 1932년 서북지방 개신교인이 전체의 48%를 차지하고, 30년대 말에는 장로교 전체의 60%에 이를 만큼 왕성했다고 발표했다.

해방 무렵 이들은 이미 같은 지역에서 무시 못 할 교세 뿐 아니라 가장 큰 정치적 영향력을 갖게 된다. "… 북한의 기독교세와 그 영향력은 남한의 그것에 비길 바가 아닌 것으로, 해방 직후만 해도 모든 고을고을의 지치회니 건국준비위원회 등이 모두 그 고을, 마을마다의 교회를 중심으로 형성되는 등 정치·경제·사회·문화 모든 면에 걸쳐 커다란 영향력을 미치고 있었다. … 뿐만 아니라 북한에는 기독교인을 중심으로 한 두 개의 정당 즉 기독교사회민주당_{윤하영 목사, 한경직 목사}과 기독교자유당_{김화식 목사}이 결성되었는데"_{한국교회발전사, 전택부, 대한기독교출판사, 274쪽} 이러한 움직임들은 당연히 소련을 등에 업고 정국을 장악하려 했던 김일성의 사회주의 세력과 충돌하게 된다.

신의주사건 등으로 북한에 새로 들어선 정권과 기독교 세력의 공존이 더 이상 어려워지게 되자 개신교인들의 본격적인 월남이 시작되어 최소 5 만 명에 가깝게 남한으로 이주한 것으로 추정되며, 이러한 영향 등으로 한 국전쟁 직후 남한 개신교인은 1955년 100만 명, 1960년에는 150만 명을 돌파했다고 한다.한국의 개신교와 반공주의, 강인철, 중심, 417쪽, 420쪽

신학적으로는 보수주의요, 정치적으로는 극단적 반공주의자인 이들은 월남한 이후 남한에서의 적응에 성공하여 이후 한국교회의 주류가 되며, 한국 사회에서도 든든한 반공안보정책의 밑바탕이 되었다. 무엇보다 이들 이 빠르게 남한사회 주류를 형성할 수 있었던 것은 선교모국이었던 미국 이 남한을 점령함으로써 좋은 토양이 되어 준 덕이 크다. 동시에 친미주의 자이며 개신교인 인 이승만 대통령이 12년 동안 정권을 장악함으로써 그 추세는 더욱 가속화 되었다. 미군정과 이승만 정권 아래서 정부요직을 맡 았던 개신교인들은 전체의 40%에 육박했을 정도였고, 가히 개신교정부라 고 부를 수 있을 만큼 개신교와 권력의 유착은 심했다. 초대정부는 감리교 권사 이승만이 대통령을 맡아 제헌의원 이윤영 목사에게 기도를 부탁하며 시작 되었고, 이승만 정부 말년인 1960년에도 대통령에 이승만, 부통령 역 시 권사 이기붕, 그리고 4.19 피의 참극을 빚은 발포명령권자인 당시 내무

장관도 개신교 집사인 최인규였다.

1960년 3.15 부정선거 당시 '전국교회 150만 신도께 드리는 글'이라는 제목의 기독공보 광고를 보면 이승만 정권과 개신교 사이의 유착관계를 더 잘 이해할 수 있다. "오는 3월15일에 실시되는 정, 부통령 선거에 있어서 전국교회 교우들은 다음의 두 분을 꼭 뽑아주시기를 호소하나이다.… 그동안 각 교파의 지도자 되시는 여러 목사님들과 장로님들과 평신도들의 의견을 개인적으로 또 공식적인 회합을 통하여 발표된 것을 종합하여 우리는 다음과 같은 결론을 얻었습니다.… 대통령 입후보자는 한분뿐이시니 말할 필요가 없으나 리 박사는 우리나라 기독교회의 대 원로이시며 오늘도 그 바쁘신 몸으로 어느 주일 한주일도 빠짐없이 가족동반 교회의 주일 예배에 참석하셔서 하나님 앞에 간절히 기도하시는 우리나라 신교의 대선배 이십니다. 부통령은 네분이 나오셨습니다. 마는 교회의 여론이 지지할 수 있는 분은 리기붕 선생 한분뿐이라는 것은 분명한 사실입니다.… 전국교회의 부형모매父兄母妹님! 교회의 여론은 결정되었습니다. 대통령에 리승만 박사, 부통령에 리기붕 선생" 1960년 2월 29일 기독공보 2면 광고

그러나 1961년 5.16쿠데타로 집권한 군사정권이 등장하자 분위기가 바뀐다. 쿠데타 주역 박정희를 비롯한 정권실세들은 개신교와 특별한 관련이 없었다. 그러나 이것은 껍데기만 그럴 뿐 박 정권 내내 둘 사이의 구조적 유착관계는 더욱 굳어져 간다. 쿠데타 직후 미국의 승인과 지원이 절실

했던 박정희 군사정권에 대한 지지를 이끌어내기 위해 그해 6월 한경직 목사 등이 미국을 방문하여 지지를 호소하였다.

개신교 지도자들의 박정희 정부 지원활동은 장기독재의 첫 관문이 된 1969년 3선 개헌 정국에서 다시 발휘된다. 9월 4일 김윤찬예장합동 전 총회장, 박형룡총신대 전 교수, 조용기여의도순복음교회 전 담임, 김준곤CCC 전 대표, 김장환 목사극동방송 대표 등 242명의 목사들이 3선 개헌 지지성명을 발표하였고, 다음날도 대한기독교연합회 명의로 이를 환영하는 성명을 발표하면서 절정에 달한다. 강인철, 앞의 책, 240-241쪽

그 대가는 무엇인가? 막대한 정치적 특혜와 지원이었다. 군부정권의 효시였던 박 정권 18년 동안 개신교는 다른 종단과의 교세비교에 어울리지 않을 만큼 거의 일방적인 선교적 특혜를 받았다. 군, 경찰, 교도소 선교는 물론이고, 예비군과 민방위훈련장에서도 목사들은 자유로운 포교활동을 보장받았다. 그 결과 "1969년 2월 현재 전체 인구 중 '개신교:천주교:불교:기타 종교' 신봉자의 상대적 비율이 '20:5:32:43'으로 나타남에 비해, 사관생도들의 경우는 '48:27:23:2'로서 개신교 신자 비율은 전체보다 2.4배, … 따라서 이 조사결과는 고급장교들의 친 개신교적 태도가 1970-1980년대 그리고 그 이후까지 이어질 것임을" 예고하고 있었다. 심지어 1966년에는 "국방장관김성은과 3군 참모총장육군 김계원, 해군 김영관, 공군 장지량, 해병대사령관 강기천, 주월한국국사령관채명신이 모두 개신교인에 의해 충원되는 진기한

현상이 일어난다." _{강인철, 354-356쪽}

뿐만 아니라 민간인들의 대중모임 자체가 불허되던 긴급조치시대에도 박정희 정권은 서울 심장부인 여의도에 100만 명의 초대형 집회를 허가해 주고, 유무형의 행사지원도 아끼지 않았다. 박정희 정권을 지지했던 주요 지도자들과 그 교회와 단체들은 이때 유례없는 성장을 이룩했다. 이러한 분위기는 박 정권의 아류인 전두환, 노태우로 이어지는 30년 군사정권 내내 계속된다. 특히 12.12쿠데타와 5.18무력진압으로 정권을 장악했지만 정통성이 없어 불안했던 신군부를 위해 1980년 8월 한경직, 김준곤, 정진경 등 당대 유명목사들이 전두환 국보위상임위원장을 칭송하는 국가조찬기도회를 열어 힘을 실어주었고, 이는 시작과 더불어 신군부에 대한 개신교 측의 태도를 결정짓게 된다.

그러나 30년 군사독재도 경제성장, 고등교육 확산과 더불어 불어오기 시작한 개방과 민주화에 대한 열망을 마냥 억누를 수만은 없게 되었다. 무엇보다 1993년부터 등장한 민간 정부들은 더 이상 특정종교와 노골적 유착을 하기 힘들었고, 다른 종교들도 개신교만의 특혜에 대한 시정을 요구하기 시작한다. 그러나 이러한 변화를 개신교 지도자들은 기독교의 위기, 나아가 기독교에 대한 탄압으로까지 언급하며 심하게 반발한다. 이는 사립학교법 개정을 개신교에 대한 탄압으로, 종교인 소득세 납부 주장을 정부가 종교를 굴복시키려는 조처로 보고 반발하는 것 등에서 잘 드러난다.

2. 권력과의 유착을 넘어 정치세력화를 꿈꾸다.

그런데 1970-80년대 수많은 희생 속에 조금씩 진전된 민주화 공간에 무임승차한 주류 보수 개신교 세력들은 여기서 그치지 않고, 이를 계기로 재빨리 독자적 정치세력화에 박차를 가한다. 수구기득권적 주류개신교의 세력의 정치세력화는 크게 한기총과 정당운동, 그리고 보다 최근에 보이는 극우적 정치시민운동으로 나타난다.

1) 한국기독교총연합회

1988년 한국기독교교회협의회_{교회협}의 '민족통일과 평화에 대한 한국기독교회선언'^{88선언}은 같은 해 노태우 대통령의 '민족자존과 통일번영을 위한 대통령 특별선언'^{7.7선언}에 상당부분 수용될 만큼 매우 획기적인 것이었다. 그러나 주류 한국기독교계는 이 선언을 비난하는 성명들을 잇달아 내놓을 만큼 크게 반발했다. 급기야 1989년 1월 당시 한국교회 얼굴이던 한경직 목사를 중심으로 한 교계 원로들의 회동에서 "교회협이 한국교회를 대표할 수 있는 기관이 될 수 없다"고 발표하며, 새로운 연합기구 결성을 공식화했다.

이어 같은 해 3월 당시 민주화운동을 이끌어가던 문익환 목사가 방북한 사건이 더 큰 자극이 되어, 4월 발기총회에 이어 결국 1989년 12월 한국기독교총연합회_{한기총}가 탄생한다. 이후 한기총이 대부분 보수 편향적이고 냉전적 대북인식을 벗어날 수 없었던 것은 한기총을 출범시키고 이끌었던 초기 주요 인사들이 거의 월남자들이라는 것만 봐도 알 수 있다. 한기총 출범준비모임 성격이 강했던 1989년 1월 남한산성 회동 참석자 총 10명 중 9명이 월남자였고, 창립준비위원장 한경직 목사를 비롯해, 5대 최훈 목사에 이르기까지 초기 대표회장 중 1대 박맹술 목사만 제외하고는 모두 이북 출신이다. 강인철, 앞의 책, 503-504쪽

교회세습이나 목회자 비리, 목회자 납세, 양심적 병역거부, 사학법 문제 등의 사회적 현안들에 대해서도 한기총은 민주화되고 개방돼 가는 사회 의식과는 동떨어지게도 매우 권위주의적이고, 기득권 편향적이며 시장만능주의적인 입장을 보여 왔다. 그러나 더 큰 문제는 이들의 의식과 활동이 대다수 교회 성도들과 동떨어져 있음에도 불구하고 자신들이 한국교회를 대표한다고 주장한다는 점이다. 심지어 한국교회를 대표해서 정치권을 상대한다고 믿으며 끊임없이 정치권과 줄대기를 시도해왔다. 대통령선거 때마다 보수정당을 지원하며, 이것이 마치 한국기독교의 여론인 것처럼 호도해 온 것이 좋은 예다. 그래서 이들은 '한국기득권총연합회'라는 조롱을 듣기도 했다.

2) 장로대통령 만들기와 기독교정당운동

앞서 살펴봤듯이 12년의 이승만 정권 시기는 가히 기독교정권이라 부를

수 있을 만큼 개신교와 정권의 유착이 노골적이었다. 그러나 그 때로부터 30여년이 지난 1992년 대통령 선거에서 집권당 후보로 나선 장로 김영삼의 당선 위해 개신교계는 다시 노골적인 장로대통령 만들기에 나섰다. "앞으로 한국 정치는 기독교가 일어나서 해야 한다. 그러기 위해서는 국회의원은 기독교인이, 대통령은 장로가 해야 한다."조용기 목사, 1992년 2월 24일 기독교부흥협의회 제 23대 회장 취임 축하예배 설교에서 이렇게 개신교계의 열렬한 지지 속에 장로 김영삼이 대통령에 당선되었지만, 개신교계가 기대한 만큼의 노골적인 지원이 없자 정권 중반 이후 밀월관계는 사실상 끝난다.

그러나 2007년 대선에 소망교회 장로 이명박 후보가 출마하자 장로 대통령 만들기는 은근히 다시 고개를 내밀었다. 더욱 엄격해진 선거법과 사회분위기 등으로 이전만큼 직접적인 의사표현을 하기 쉽지 않았음에도 몇몇 목사들은 선거법위반 위험을 무릅쓰고 장로대통령 띄우기에 나섰다.

"대선은 할 것 없어. 올해 12월 달 대선은 무조건 이명박이 하는 거니까, 장로님이니까. 만약에 이번 대선에서 이명박 안 찍는 사람은 내가 생명책에서 지워버릴 거야. 생명책에서 안 지움을 당하려면 무조건 이명박 찍어. 알았지? … 여러분 대한민국을 예수의 나라로 만들어봅시다."전광훈 목사, 2007년 4월 18일 청교도영성수련회 "한국기독교개혁운동한기운 대표 한성진 교수은 6월 21일 성명서를 발표하고, 이명박 후보를 지지한다는 입장을 밝혔다.… 금란교회김홍도 목사는 홈페이지 대문에 이명박 후보 공식 팬클럽인 '명사랑'의

배너를 실었다. 교회 홈페이지를 통해 이 후보 공식 팬클럽 사이트에 들어
갈 수 있는 것이다." 뉴스앤조이, 2007년 6월 29일

개신교지도자들의 장로대통령 선호는 여러 면에서 드러났다. '목회와
신학' 2007년 1월호에 발표된 대통령선거에 대한 목회자들 500명의 의식조
사에 의하면 차기 대통령 감으로 가장 적합한 후보를 꼽는 설문에서 목회
자들은 타의 추종을 불허할 정도의 압도적 비율 64.8%로 이명박 후보를 지
지하였다. 이러한 의식들이 실제 선거에서 어떻게 드러났을지는 충분히
짐작할 수 있다. 이에 대한 보답인지 고소영 고대/소망교회/영남 내각이라 불렸
던 초기 이명박 정권의 총리, 장 차관 '전체 39명 중 기독교 개신교 신자는 13
명으로 33.3%를 차지한 반면 불교 신자는 2명 5.1%에 불과한 것으로 나타
났다.' 인터넷한국일보 2008년 9월 2일자

이처럼 대한민국 역대 12명의 대통령 가운데 무려 3명이 장로대통령인
데 그들 모두가 보수정당 후보였다는 사실은 그저 우연이 아니라, 그만큼
한국교회의 사회의식이 보수적이며, 기득권 지향적이라는 것을 드러내어
준다고 하겠다.

그러나 보수기독교 세력은 이것만으로도 만족하지 못했다. 그래서 기독
교정당을 통해 자신들의 이해관계를 정치권에 직접 반영하기 원했다. 사
실 우리나라 기독교 정당운동의 역사는 매우 길다. 앞서도 살펴봤듯이 해
방 직후 이북을 중심으로 주요 기독교지도자들이 추축이 되어 조선민주당

과 기독교사회민주당을 이끌었으나, 이후 명맥이 끊겼다. 50여 년이 지난 1997년 한사랑선교회 김한식 목사가 바른정치연합 대통령 후보로 나와 4만여 표를 얻었고, 2004년에는 한국기독당조용기, 김기수, 김준곤, 박영률, 최수한 등을 창당해 17대 총선에서 1.1%를 얻는데 만족해야 했고, 다시 2008년 1월에는 전광훈 목사 등이 기독사랑실천당을 창당해 18대 총선을 노렸으나 역시 45만 표2.5%의 지지정당득표 얻는 데 그쳤다. 19대 총선에서도 조용기, 김홍도 등 대형교회 목사들의 이름을 걸고 국회입성을 노렸지만 역시 1.2%의 득표에 만족해야 했다.

이들 기독당 운동의 주역들과 그 정책, 운영방식 등을 관찰해 보면, 정당과 정당인으로서의 전문성이나 구체성, 일관된 정책성이 너무 부족해 근대적 정책정당이라고 보기 힘들고 그래서 그 미래도 그리 밝지 않다. 그럼에도 불구하고 이들의 행보는 매우 주목할 만하다. 앞서 미국에서도 살펴봤듯이 이들이 원내진출에 성공하는 순간 우리나라도 기독교 근본주의 세력이 공격적 정치세력화를 본격화할 것이기 때문이다. 그들은 극우적 애국주의, 편향적 종교성을 정치권력으로 관철하려다가 다른 종교들의 반발에 부딪히고 건강한 정책대결은 더더욱 힘들어질 것이다.

그것은 지난2012년 추가 19대 총선에서 이들이 내놓은 정책을 조금만 살펴봐도 금세 알 수 있다.

「"기독자유민주당은 한국교회의 모든 은행이자를 2%로 내릴 수 있다."

기독자유민주당 12정책: 8. 수쿠크법, 동성연애법 등 반 복음적 법을 저지한다. 10. 교회가 납부하는 은행이자를 2%로 낮추어 교회 채무를 100% 해결토록 한다. 11. 국가가 실시하는 각종 자격시험을 주일날 실시 못하도록 법을 제정한다.」

이들의 속내를 더 자세히 살펴보려면 기독자유민주당의 전신이라고 할 2008년 기독당을 통해 확인할 수 있다. 당시 기독당이 내세운 6대 강령 중 첫 번째가 '1. 신본주의와 신정국가를 지향하는 정당'이라고 분명히 명시하고 있다. 그러면 이들의 득표 전략은 무엇인가? 기독당의 〈우리의 결의〉라는 글에서 잘 드러난다. "이 운동은 전 민족 상대의 입체적 선교전략이며 민족복음화운동이다. 권력은 표에서 나온다. … 크리스천 인구가 수도권에서는 37%, 전국적으로는 25%라고 한다. 기도하고 한 표씩 모아 깨끗하고 강력한 하나님이 쓰시는 정치 도구를 만들자. … 뿐만 아니라 1인 2표제로 자신이 지지하는 후보와 정당을 투표하게 될 것이기 때문에 크리스천의 힘이 모아지면 큰 성과가 있을 것이다." 결국 종교가 같아서 '혹시나'하는 기독교인들의 동정심을 유발하여 비례대표로 한 석이라도 얻겠다는 마음이다.

앞서 미국 근본주의 기독교의 정치세력화와 그것을 통한 정권창출 사례에서 보았듯이 기독당 운동은 정치권력을 이용해 기독교세력을 더욱 확산하거나 교회의 이해관계를 공권력으로 보장받으려는 모습이 강하다.

3) 극우적 개신교운동과 공격적 선교운동의 결합

위와 같은 정치운동에 더해 최근 몇 년 새 극우적 개신교인들의 시민운동과 공격적 선교운동이 광범위한 활동을 전개하고 있다. 한 예로 2007년 대선에서 이명박 대통령 만들기에 앞장섰던 뉴라이트 김진홍 목사는 이명박 정부 출범 이후 일선에서 물러난 것과 대조적으로 기독교사회책임 서경석 목사는 지금도 활발한 운동을 펼치고 있다. 최근 기독당 운동의 견인차 역할을 하고 있는 전광훈 목사는 예장 대신 총회장이 되면서 이승만 전 대통령의 치적을 홍보하는 영화를 만들겠다고 나섰는데, 이 역시 근본주의 기독교계의 힘을 빌려 수구적 사회, 정치운동을 시도하려는 행보다. 미국의 80년대 폴웰 목사의 '도덕적 다수주의'나, 90년대 팻 로버트슨 목사의 '그리스도교 연합'의 한국판이라 하겠다.

그러나 최근 이들과는 다른 흐름도 나타나고 있다. 이들은 주로 페이스북 등 SNS를 활용해 북한반대, 종북 척결, 동성애 반대 등을 주장하며 적극적인 활동을 전개하고 있다. 또 에스더기도운동, 백 투 더 예루살렘운동, 인터콥 등은 국제 유대-기독교근본주의와 세대주의종말론을 공유하며 공격적 선교운동을 펼쳐가고 있다. 그러나 이들은 앞서 말했던 한국교회 주류 보수 세력이나 정당운동 세력과는 일정한 거리가 있다. 오히려 이들은 한국교회 주류 사회의 부패와 타락에 대해서도 거부감을 갖는 개인들이 많다.

그러나 앞선 기독교 근본주의 주류들과 이들이 추구하는 신앙관과 사회관이 크게 다르지 않기 때문에 구체적인 사안들 앞에서 이들은 긴밀히 협력한다. 이들은 WCC 운동 자체가 종교다원주의를 수용하고, 동성애를 찬성하는 것처럼 선전하고, 차별금지법 자체가 동성애 지원법안인 것처럼 과장하며 우리사회와 특히 보수적 기독교인들의 위기감을 증폭시켰다.

그리스도인으로서 북한인권 문제를 제기하고, 종교다원주의를 경계하고, 동성애, 낙태 등을 우려하는 것은 얼마든지 있을 수 있는 일이다. 문제는 이들의 사고가 미국 근본주의자들처럼 임의로 추린 몇 가지 원리에 기독교의 모든 가치를 다 부여하는 경직성으로 닫혀 있고, 자신들과 조금만 다른 생각을 갖고 있어도 쉽게 이단, 배교, 사탄, 종북이라는 단어를 써대며 기독교사회에 막연한 두려움을 조장하고 있다는 점이다. 기독교 근본주의 주류 세력들이 주춤하는 공간에서 새롭게 목소리를 높여가는 이들의 행보가 우려되는 지점이다.

이상에서 살펴본 것과 같이 한국개신교는 기본적으로 미국 근본주의 신학의 토대 위에 반공주의적 정치풍토와 만나 급격히 정치적 종교가 되었으며 각주: 아이러니 한 것은 한국교회가 정치화 될수록 스스로는 정치에 대한 혐오와 분리를 주장한다는 것이다, 한기총 탄생과 더불어 90년대 이후에는 정치적 목소리를 더욱 키웠으며, 장로대통령 만들기와 기독당 운동을 통해 독자적 정치세력화를 꿈꾸고, 이제는 노년층을 넘어 보다 젊은 청장년층에 이르는 광범위한 사회

시민운동으로까지 확대를 꾀하고 있다. 이들은 경우에 따라 서로 힘을 연대하여 기독교근본주의 국가, 개신교근본주의 사회를 만들려는 노골적인 시도를 드러내고 있다. 종교가 정치권력까지 획득하여 힘으로 기독교사회를 만들겠다는 또 다른 콘스탄틴적 기독교의 시도가 아닌가 싶어 매우 우려된다.

〈자료〉 한국현대사와 기독운동사의 주요연표

한국현대사	연도	한국 기독운동사
• 2.12. 야당, 재야 직선제 개헌 1천만 서명운동 돌입 • 5.3. 신민당 개헌추진 인천대회 소요사태 • 6.5. 부천서 성고문 사건 • 9.20-10.5. 서울 아시안게임 개최	1986년	• 2.11. KNCC 등 KBS 시청료거부 운동 시작 • 3.14. KNCC 〈개헌서명운동과 민주화를 위한 범국민적 활동 지지 선언문〉 발표 • 10월. 대학기독신문 발간
• 1.14. 박종철 고문치사 사건 발생 • 4.13. 전두환대통령 호헌 발표 • 6.9. 이한열 치사사건 발생 • 6.10-28. 6월 민주화 항쟁 • 6.29. 노태우 민정당 총재 시국건의 선언 • 8.19. 전대협 결성 • 12.16. 13대 대선 노태우 당선	1987년	• 1월. KSCF, EYC, 고 박종철 형제 추모예배 • 6월. KNCC 회원교단 '나라를 위한 기도회' 연속개최 • 11.20. 복음주의청년학생협의회 발족 • 11-12월. 대선부정 선거저지 위한 공정선거감시단 활동 진보(1,000여명), 보수(2,000여명) 청년 참여 • 12월. 기독교윤리실천운동 창립
• 6.10. 판문점 남북청년학생회담 무산 • 7.7. 민족자존, 통일번영 노태우 대통령 특별선언 • 8.3. 평화통일 세계대회 및 범민족대회 추진본부 결성 • 9.17-10.2. 서울올림픽 개최	1988년	• 8.8-12. 선교한국대회(서울신대) • 2.29. KNCC, '민족의 통일과 평화에 대한 한국기독교회 선언' 발표 • 8.23. '한반도 평화와 통일을 위한 세계대회' 스위스 글리온에서 개최 • 11.25. 스위스 글리온에서 남북한 개신교 지도자들, 평화통일을 위한 공동성명과 기도문 채택

한국현대사	연도	한국 기독운동사
• 3.25. 문익환 목사 방북 • 6.30. 대학생 임수경 방북(평양, 제13차 세계청년학생축전 참가) • 11월. 경제정의실천시민연합 창립	1989년	• 1월. 한국기독교총연합회 창립
• 1.22. 민정,민주,공화당 3당합당 선언 • 8.8. 소설가 황석영, 범민족대회 남측대표로 방북 • 10.1. 한국소련 수교	1990년	• 2월. 치안본부, 기독교문화노동 운동연합(기문노련) 사건 발표 • 11.30. 범민련결성회의 참석한 조용술, 이해학 목사 국보법으로 구속
• 2.7. 공명선거실천시민운동협의회(공선협) 발족 • 3.25. 세계탁구선수권대회 첫 남북단일팀 출전 • 4.28. 강경대 치사사건 발생 • 9.17. 남북한 유엔 동시가입 • 12.31. 남북기본합의서 채택	1991년	• 1.21. 공명선거실천기독교대책위원회(공선기위) 발족 • 1월. '복음과 상황' 창간 • 3월. 복음주의청년학생연합 출범 • 5.6. 강경대 사건 항의 시국연합기도회 개최(복청학련 주최) • 8.9~10.11 제1기 사회선교학교 개최
• 8.24. 한국중국 수교(대만과 단교) • 12.18. 14대 대선 김영삼 당선 • 12.22. 한국베트남 수교	1992년	• 제2기 사회선교학교 개최 • 평화단체 '개척자들' 창립 • 10.28. 다미선교회 지구종말 불발
• 3.12. 북한 핵확산금지조약 탈퇴(1차 북핵위기) • 8.12. 금융실명제 실시	1993년	• 4.27. 남북나눔운동 창립대회 • 8.15. 남북인간띠잇기행사(독립문–임진각)
• 7.8. 김일성 주석 사망 • 9.10. 참여연대 창립 • 10.21. 성수대교 붕괴	1994년	• 경실련 기청협, 통일복음성가부르기대회 개최

한국현대사	연도	한국 기독운동사
• 6.27. 제1회 전국지방선거 실시 • 6.29. 삼풍백화점 붕괴 • 노태우 구속(11월), 전두환 구속(12월)	1995년	• 7.18. 한국기독교연합봉사단 발족(삼풍희생자 가족 돕기) • 8월. '좋은교사' 창립 • 8월. KNCC, 평화와 통일희년선언 발표
• 8월. '연세대 사태' 발생(범민족대회 출범식)	1996년	• 한국정교회, 교회협에 가입
• 11.21. IMF 구제금융 신청 • 12.19. 15대 대선 김대중 당선	1997년	• 4.28. KNCC, 북한동포돕기비상대책기구 발족 • '새벽이슬' 출범
• 기업연쇄부도: 나산그룹(1월),대농그룹(3월) • 11.18. 금강산관광 시작	1998년	• 8월. 제1회 전국기독교사대회(강원대)
• 6.15. 서해남북경비정교전 • 10.16. 상록수부대 동티모르 파병	1999년	• 1월. 기독법률가회 창립
• 1.12. 총선시민연대 발족. 공천반대 명단 66명 발표 • 6.13-15. 김대중 대통령 평양방문 • 10.13. 김대중 대통령 노벨평화상 선정	2000년	• 4.19. 한경직 목사, 소천 • 6월. 공의정치포럼 창립 • 8월. 뉴스앤조이 창간
• 3.29. 인천공항 개항	2001년	• 많은 안티기독교 사이트의 유행으로 클럽안티기독교 창립

하나님나라를 응시하다

한국현대사	연도	한국 기독운동사
• 5.31-6.30. 한일월드컵축구대회 개최 • 9.29-10.14. 부산아시안게임 북한선수단, 응원단 파견 • 12.19. 16대 대선 노무현 당선	2002년	• 6.27-29. 제1회 성서한국수련회(할렐루야교회) • 11월. 교회개혁실천연대 창립
• 2.18. 대구지하철화재참사 • 8.4. 정몽헌 현대회장 자살(대북송금사건 조사 중)	2003년	• 9.25-26. 제1회 성서한국포럼(서울대문화관)
• 8. 이라크에 한국전투병 파병	2004년	• 3.22. 여명학교 설립 • 9월 기독청년아카데미 개원 • 11.22. 기독교사회책임 출범
• 2.3. 헌재, 호주제 헌법 불일치 판결 • 2.10. 북한, 핵보유선언 • 11.7. 뉴라이트전국연합 출범 • 12.16. 황우석 박사의 줄기세포 하나도 없음이 밝혀짐	2005년	• 청어람아카데미 개원 • 8.1-5. 제1회 성서한국전국대회 개최 • 11월 '올바른 교단총회정착을 위한 공동대책위원회' 출범
• 5.4. 평택 미군기지반대시위 충돌로 524명 연행	2006년	• 8.30. 한미FTA기독교공동대책위원회 창립
• 5.14. 제주에 해군기지 건설 발표 • 10.2-4. 노무현 대통령 평양 방문 • 12.19. 17대 대선 이명박 당선	2007년	• 2.12. 한반도평화연구원 개원 • 4월. (사)평화한국, 평화누리, 하나누리 창립
• 5-8월. 미국소고기 수입반대운동	2008년	• 6.12. '사교육걱정없는세상' 창립 • 성서한국 지역대회 시작(6, 7, 10월)

한국현대사	연도	한국 기독운동사
• 1. 용산참사 발생 • 5. 쌍용차 농성노동자 강제진압 • 5. 23. 노무현 대통령 서거 • 8. 18. 김대중 대통령 서거	2009년	• 2.20-21. 제1회 기독활동가대회 • 8.6-8. 제1회 기독법률가 전국대회
• 3. 26. 천안함 사건 • 11.23. 북한, 연평도 포격	2010년	• 2월. 기독연구원 느헤미야 개원 • 2.4. 희망정치시민연합 출범식 • 10.7. 평화통일을위한기독인연대 창립
• 5월. 제주해군기지 건설저지 전국대책회의 결성 • 12.19. 북한 김정일 위원장 사망	2011년	• 6.20. 교회2.0목회자운동 창립 • 11.9. 전병욱 성범죄사건 보도
• 12.19. 18대 대선 박근혜 당선	2012년	• 11월. 교회세습반대운동연대 출범
• 4.2. 영변원자로 재가동 선언 • 개성공단 진입차단(4/3), 재개 (8/14)	2013년	• 5.17-18. 기독인, 제주평화순례 • 10.19. 제1회 작은교회박람회
• 3.28. 박근혜 드레스덴선언 • 4.16. 세월호 참사 발생	2014년	• 4월. 한국복음주의교회연합 창립 • 9.15-16. 세월호특별법촉구 교회릴레이단식기도회
• 2.26. 헌재, 간통제 폐지 • 10.12. 한국사교과서 국정화 발표 • 12.19. 헌재, 통합진보당 해산명령	2015년	• 8.5-8. 성서한국 전국대회 • 10.31. 세월호 미수습자가족 팽목항 기도회

한국현대사	연도	한국 기독운동사
• 2.10. 한국, 개성공단 가동중단 • 5.17. 강남역 여성혐오살인사건 • 12.9. 국회, 대통령탄핵소추안 통과	2016년	• 10.20-21. 기독활동가대회
• 3.6. 주한미군, 고고도미사일(사드) 성주 배치 • 5. 9. 19대 대선 문재인 당선	2017년	• 6.3. 한반도 평화기도회 • 11.12. 명성교회, 김하나 목사로 세습위임
• 2.9-25. 평창동계올림픽에 북한 선수단, 응원단 참가 • 세 차례 남북 정상회담(4.27 / 5.26 / 9.19-20) • 11.1. 대법원, 양심적 병역거부 인정	2018년	• 7월 기독교반성폭력센터를 개소 • 11.1. 세월호가족과 함께하는 기도회